查理一世、查理二世

[英]塞缪尔·罗森·加德纳　　著
王晋瑞　　译

与清教徒革命

1603—1660

The First two Stuarts & the Puritan Revolution

图书在版编目（CIP）数据

查理一世、查理二世与清教徒革命：1603—1660 / (英) 塞缪尔·罗森·加德纳著；王晋瑞译. -- 北京：华文出版社，2020.4

（华文全球史）

ISBN 978-7-5075-5284-3

Ⅰ. ①查… Ⅱ. ①塞… ②王… Ⅲ. ①清教徒—革命史—英国—1603-1660 Ⅳ. ①B976.3

中国版本图书馆CIP数据核字(2020)第052083号

查理一世、查理二世与清教徒革命

作　者：	[英] 塞缪尔·罗森·加德纳
译　者：	王晋瑞
选题策划：	华盛章世
插图供应：	029—85504182
责任编辑：	胡杨
出版发行：	华文出版社
社　址：	北京市西城区广外大街305号8区2号楼
邮政编码：	100055
网　址：	http://www.hwcbs.com.cn
电　话：	总编室010—58336239 发行部010—58336212
经　销：	新华书店
印　刷：	三河市国英印务有限公司
开　本：	710×1000　1/16
印　张：	26.75
字　数：	380千字
版　次：	2020年4月第1版
印　次：	2020年4月第1次印刷
标准书号：	ISBN 978-7-5075-5284-3
定　价：	105.00元

版权所有　侵权必究

出版前言

随着中国开放的大门越开越大,关注世界各国尤其是西方国家文明的源流、发展和未来已经成为当下世界史研究的一个热点,为了成系统地推出一套强调"史源性"且在现有世界史出版物中具有拾遗补阙价值的作品,我们经过认真论证,推出了"华文全球史"系列,首次出版约为一百个品种。

"华文全球史"系列从书目选择到人名地名的规范,从书稿中图片的采用到译者的确定,都有比较严格的遴选规定、编审要求和成稿检查,目的就是要奉献给读者一套具有学术性、权威性的高质量的世界史系列图书。

书目的选择。本系列图书重视世界史学科建设,视角宽阔,层级明晰,数量均衡,有所突出。计划出版的华文全球史中,既有通史,也有专题史,还有回忆录,基本上是世界历史著作中的上乘之作,填补了国内同类作品出版的空白。

人名地名规范。本系列图书中人名地名,译名规范,重视专业性。同时,在人名翻译方面,我们坚持"姓名皆全"的原则,加大考据力度,从而实现了有姓必有名,有名必有姓,方便了读者的使用。另外,在注释方面,书中既有原书注,完整地保留了原著中的注释;也有译者注,体现了译者的研究性成果。

书中的插图。本系列图书的一个重要特征是书中都有功能性插图，这些插图全方位、多层次、宽视角反映当时重大历史事件，或与事件的场景密切相关，涉及政治、军事、经济、社会、外交、人物、地理、民俗、生活等方面的绘画作品与摄影作品。功能性插图与文字结合，赋予文字视觉的艺术，增加了文字的内涵。

译者的确定。本系列图书的翻译主要凭借的是一个以大学教师为主的翻译团队，团队中不乏知名教授和相关领域的资深人士。他们治学严谨，译笔优美，为确保质量奉献良多。

"华文全球史"系列作为一套具有较高学术价值的优秀的世界历史丛书，对增加读者的知识，开阔读者的视野，具有积极的意义。同时要看到，一方面很多西方历史学家的观点符合事实，另一方面不少西方历史学家的观点是错误的，对于这些，我们希望读者不要不加分析地全盘接受或全盘否定，而是要批判地吸收外国文化中有益的东西。

华文出版社

2019年8月

詹姆斯一世接见清教徒

火药阴谋的密谋者

盖伊·福克斯布设火药

埃奇希尔战役前查理一世召开军事会议

内战中查理一世来到卡里斯布鲁克城堡

查理一世夫妇与儿子查理、女儿玛丽

处决托马斯·温特沃斯爵士

奥利弗·克伦威尔与查理一世会晤

奥利弗·克伦威尔查看查理一世的遗体

查理二世在一位妇女的掩护下逃离英格兰

查理二世逃离英格兰途中,两个同情王室者前来拜见

查理二世藏在一棵大橡树上躲避追捕者

作者自序

本书是《三十年战争史（1618—1648）：哈布斯堡家族的衰落、法兰西王国大陆霸权的建成与"威斯特伐利亚体系"的确立》的姊妹篇。因此，本书就不再赘述涉及发生在欧洲大陆但与英格兰相关的历史事件，以免破坏本书在史实叙述上的流畅性。想了解相关史实来龙去脉的读者可以参阅《三十年战争史（1618—1648）：哈布斯堡家族的衰落、法兰西王国大陆霸权的建成与"威斯特伐利亚体系"的确立》。

与同时代的法兰西或神圣罗马帝国的宗教自由问题不太一样，英格兰的宗教自由问题还与当时的议会问题紧密相关。与神圣罗马帝国的情况不同，英格兰一直都是一个统一的独立王国；与法兰西的情况也不同，英格兰没有将决定国家命运的至高权力全部交给国王一个人。17世纪的英格兰一直在努力实现双重目标：让人民来决定国家的命运，让人民享有思想言论的自由。如果该目标不能实现，所谓的议会就不过是个更加精致的专制机构罢了。

本书只叙述和讨论清教徒革命这场宗教和政治斗争的一部分，读者可以通过阅读丛书的其他分册来了解清教徒革命的始末。但就本书涉及的这一小部分内容，我也不敢说就能写全，虽然我也做了大量的调查研究工作。1634年之后的史实，我更多地参考了别人的研究成果。我知道，本书许多观点可能会存在诸多问题，有待获得更多知识后进一步修订，深入的研究也有可能会完全推翻我目前的某些观点。

  读者如果想从更宽泛的视角了解本书所论及斯图亚特王朝这段时期的英格兰历史，可以阅读利奥波德·冯·兰克[①]的《17世纪英格兰史》，这是目前关于17世纪英格兰历史方面最权威的专著，最近刚好有英文译本出版发行。读者如果想更细致地了解该段时间的英格兰历史，可以去阅读詹姆斯·斯本廷[②]先生的《弗朗西斯·培根勋爵的书信和生平》，威廉·爱德华·福斯特[③]先生的《约翰·艾略特爵士传》、关于《大抗议书》的系列文章及《逮捕五人帮》，大卫·马森[④]教授的《约翰·弥尔顿传》，约翰·兰顿·桑福德先生的《大起义研究》和托马斯·卡莱尔先生的《奥利弗·克伦威尔的书信和演讲》。读者如果还想了解斯图亚特王朝早期英格兰的历史，可以阅读我的三部专著：《英格兰史：从詹姆斯一世登基到柯克大法官解职》《威尔士亲王查理与西班牙公主玛丽亚·安娜联姻始末》《英格兰史：查理一世和白金汉公爵乔治·维利尔斯统治时期》。这三部专著论及1603年至1628年的英格兰历史。我希望在不久的将来能把接下来年份的英格兰历史续写下去。

[①] 利奥波德·冯·兰克（1795—1886），德意志帝国最重要的历史学家，客观主义史学创始人，西方近代史学的重要奠基人。他被誉为"近代史学之父"，主张研究历史必须基于客观地搜集研读档案资料，如实地呈现历史的原貌。他的这种史学主张，被称作"兰克史学"，对东西方史学都产生了重大的影响。——译者注
[②] 詹姆斯·斯本廷（1808—1881），英国作家，以整理弗朗西斯·培根文集及研究弗朗西斯·培根生平而知名。——译者注
[③] 威廉·爱德华·福斯特（1818—1886），英国工业家、慈善家、自由党政治家。——译者注
[④] 大卫·马森（1822—1907），苏格兰学者、文学评论家、历史学家。——译者注

目 录

001 **第 1 章**
改良派与清教徒

013 **第 2 章**
都铎王朝

025 **第 3 章**
汉普敦宫会议及与苏格兰结盟

033 **第 4 章**
新税与《大契约》

039 **第 5 章**
火药阴谋

047 **第 6 章**
詹姆斯一世和西班牙

059 **第 7 章**
西班牙军队攻打巴拉丁

071	第 8 章
	蒂利伯爵约翰·塞克拉斯率军占领巴拉丁

079	第 9 章
	威尔士亲王查理与白金汉公爵乔治·维利尔斯马德里之行

089	第 10 章
	詹姆斯一世解散议会

097	第 11 章
	查理一世首组议会

105	第 12 章
	弹劾白金汉公爵乔治·维利尔斯及
	白金汉公爵乔治·维利尔斯率军远征罗伊岛

117	第 13 章
	《权利请愿书》及白金汉公爵乔治·维利尔斯遇刺身亡

127	第 14 章
	税收政策和宗教政策

135	第 15 章
	查理一世与下议院决裂

145	第 16 章
	无议会政府

155	第 17 章	教派分裂
165	第 18 章	开辟新英格兰
173	第 19 章	全面推行国教
183	第 20 章	造船税
191	第 21 章	反教会政府三斗士
197	第 22 章	托马斯·温特沃斯爵士主政爱尔兰
205	第 23 章	苏格兰抵制主教制度运动
211	第 24 章	主教战争和短期议会
217	第 25 章	长期议会及处决斯特拉福德伯爵托马斯·温特沃斯

225	**第 26 章** 下议院的诉求
233	**第 27 章** 议会与查理一世决裂
243	**第 28 章** 内战爆发
259	**第 29 章** 长老派和独立派
269	**第 30 章** 马斯顿荒原战役和纳斯比战役
285	**第 31 章** 军队和议会之争
295	**第 32 章** 第二次内战及查理一世之死
305	**第 33 章** 奥利弗·克伦威尔最终获胜
315	**第 34 章** 解散长期议会

323	第 35 章 提名议会
329	第 36 章 护国公时期的首届议会
335	第 37 章 军事管制区
343	第 38 章 护国公时期第二届议会
349	第 39 章 奥利弗·克伦威尔之死
355	第 40 章 无政府状态
361	第 41 章 王权复辟
367	第 42 章 王权复辟后的宗教状况
377	第 43 章 议会反对派崛起

383	**第 44 章** 宗教宽容思想的复兴
391	**第 45 章** 1688 年光荣革命
397	**译名对照表**

第1章
改良派与清教徒

精彩看点

英格兰宗教改革——改良派与渐进式改革——约翰·加尔文与清教徒——伊丽莎白一世时代的宗教矛盾——宗教战争结束的曙光在欧洲大陆乍现——理查德·胡克的宗教主张——弗朗西斯·培根的宗教主张——两种宗教主张的不同之处

与其他重大变革一样，英格兰的宗教改革也是两大宗教派系合作的产物。其中一派对指导生活的现有宗教原则总体上感到满意，希望某些仪式能在细节上加以改进；而另一派则希望用一套全新的制度取代现有的制度，最终让整个社会的宗教崇拜活动按照其所认为的理想模式进行。我们可将这两大宗教派系简单地类比为当代政治生活中的辉格党和激进党，把反对任何变革的第三派系类比为保守党。

　　我们也可将上述第一个派系称为"改良派"。总体而言，改良派主导着英格兰宗教改革运动。改良派主张循序渐进的改革方式，希望在遵循早期宗教仪式传统的前提下，用《圣经》的教义来规范现行的宗教仪式。当然，改良派也能接受现行宗教仪式中不太奢华的程序。正因为如此，改良派才会认为领受圣餐是值得称颂的仪式：虔诚的信徒先行斋戒，然后参加圣餐礼，从身着白衣的牧师手中接过圣餐。信徒通过这样的行为，将耶稣精神融入自己内心，然后便能养成奉献的习惯。

　　与改良派不同，有信徒对古老的宗教传统或外在仪式毫无兴趣，认为保留这些东西就是在捡天主教遗留的破烂。这些信徒被称作"清教徒"，在玛丽一世当政期间流亡国外，跟着有"日内瓦教皇"之称的法兰西神学家约翰·加尔文的信徒学习了一套特殊的教义。该教义宣称，心灵之存在依赖于对神学真理的领悟，而非外在的行为。

玛丽一世驾崩后，伊丽莎白一世登上了王位。然而，清教徒们发现伊丽莎白一世也不可能成为他们的朋友，因为她还在坚持父亲亨利八世在位时的宗教政策。她个人偏爱传统的宗教仪式，还在自己做礼拜的教堂保留了十字架，这曾让主教们非常不满。她不支持清教运动还有一个原因，即她将全部精力放在国家统一大业上，实在无暇顾及。她对教皇极

玛丽一世

亨利八世

其反感,不是因为他宣扬变味的教义或搞个人崇拜,而是因为他宣称要干涉英格兰的法律。伊丽莎白一世希望尽可能地拉拢那些还保持着父辈信仰的臣民。因此,只要受广大臣民欢迎的宗教仪式,她都同意保留。

如果伊丽莎白一世维持传统宗教仪式有道理,那么维持英格兰国教就更有道理了。为了保留自己的主教职位而向伊丽莎白一世进谏的人想尽

伊丽莎白一世

了各种理由,但伊丽莎白一世并不是因为这些进谏的人才同意保留主教职位的。她并不关心主教是否为使徒出身。她只坚持一个原则,即主教必须由她任命,因为她要靠这些主教来维持神职队伍的秩序。不过,这并不意味着所有主教都是她奴颜婢膝的工具,他们中不乏品格高尚、忠心耿耿、全心全意为她效力的人。他们坚信,为她服务就是在为上帝服务。

然而,纯粹的清教徒无法接受英格兰的国教制度。受加尔文教的影响,清教徒在认真研读《圣经》后指出,上帝并未赋予伊丽莎白一世控制和改变基督徒信仰的权力。至少在最狂热的清教徒看来，长老制才是教会管理的最佳模式。长老由信徒选举产生，并在世俗长者的协助下，代表信徒管理所有教会事务。

伊丽莎白一世一贯以王权治国，鼓励世俗民众反抗长老会和教皇，并以此为傲。因此，她坚决反对清教徒发起的教会改革运动。尽管她付出了巨大努力，但改革还是愈演愈烈。只要与教皇的斗争不止，只要密谋暗杀伊丽莎白一世仍是日常谈资，人们就会认为西班牙舰队随时可能驶入英格兰港口，西班牙陆军也随时可能踏入英格兰国土。乱世之秋，大批反对伊丽莎白一世治下宗教体制的民众纷纷选择信奉新教，誓与旧的宗教体制决裂。

伊丽莎白一世统治的最后几年，英格兰的对外战争终于结束。凭借坚船利炮和天赐良机击败西班牙无敌舰队后，英格兰人变得温和、平静了许多。对抗西班牙和教皇已不再是英格兰人的首要任务，在国内进行改革、为转危为安的英格兰规划正确的发展道路才是亟待解决的事情。宗教各派都从对方身上学到了不少东西。主教们虽然仍然反对长老制教会管理模式，但并不反对清教的神学教义。许多清教徒也不再坚持长老会的理论，转而开始接受圣公会教义了，但他们还是不希望被强迫身着白色法衣去参加某些迷信色彩过于浓重的仪式。

宗教和平的预兆不只出现在伊丽莎白一世统治末期的英格兰。关注欧洲大陆政治进程的人们也许会认为，宗教战争不久就要结束了。1598年《韦尔万和约》签署后，西班牙决定不再干预法兰西的内政，并承认亨利四世有权在法兰西实行宗教宽容政策。尼德兰的荷兰人仍然在与西班牙压迫者进行艰苦卓绝的斗争。深受战争拖累的西班牙很有可能会从这场耗人的战争中退出。在神圣罗马帝国，把领地分别划归天主教诸侯和新教诸侯的做法没有引来太多的质疑。放眼整个欧洲，在经历漫长的宗教战争痛苦之后，人们似乎看到了和平的曙光。

英格兰舰队击败西班牙无敌舰队

签订《韦尔万和约》

英格兰当时包容的宗教政策从代表同时代最高学术水平的文献中可见一斑。神学家理查德·胡克撰写了多卷本著作《论教会体制法则》。他告诫人们，要想获得真理和智慧就必须学习精神和道德的法则，而不只是听从某些教派所谓的标准言论。理查德·胡克希望，在宗教问题上遇到争议时，人们能化干戈为玉帛。他说："有关英格兰国教和传统宗教仪式的争议由来已久，令人痛心不已。许多非国教牧师忘记了自己的本职工作，绞尽脑汁地想如何与英格兰国教对抗。这种违背天道的行为必然会带来世人皆知的恶果——永远得不到平安之父的保佑。"

理查德·胡克

弗朗西斯·培根

政治家、哲学家、散文家弗朗西斯·培根①对理查德·胡克的言论做了回应。他对那些为生计打拼的人们饱含同情，希望自己的言行能帮他们过上幸福的生活。他写道："因此，我们最好还是回到教会最原初的样子，只有一种信仰、一种洗礼仪式。我们应该遵守由救世主耶稣执笔写下的基督徒誓约，这也是构成我们教义的实质内容。除了无关紧要之物，所有不符合教义的东西就是我们应该抵制的东西，不反对我们的人

---

① 弗朗西斯·培根（1561—1626），英格兰文艺复兴时期散文家、唯物主义哲学家、实验科学创始人、近代归纳法创始人。弗朗西斯·培根十二岁入剑桥大学学习，后担任英格兰王室特别法律顾问、首席检察官、掌玺大臣等。晚年，弗朗西斯·培根受阴谋迫害被逐出宫廷，脱离了政治，专心从事学术研究和著述活动，其代表作有《新工具》《学术的伟大复兴》《培根随笔》等。——译者注

就是我们的同道中人……正如一位神父指出的那样，耶稣基督的长袍应该是代表纯洁的白色，但英格兰国教神职人员的长袍有不同颜色，因此有必要对此进行规范。虽然外罩可以保持多种颜色，但内里的长衫必须是白色的。"理查德·胡克与弗朗西斯·培根的观点不同，理查德·胡克想说服清教徒遵从英格兰国教的安排，而弗朗西斯·培根则希望英格兰国教能根据清教徒的意愿做出某些调整。事实上，他们都在倡导一种适度让步的精神。

　　大文豪威廉·莎士比亚过着一种超然的生活，从不直接评论当时的宗教信仰和教会仪式，而是用自己特有的方式在教育人们要明白真理和正义的无穷价值。伊丽莎白一世驾崩后，莎士比亚仍坚持自己的文学创作。他的作品总能触动各阶层人士的心灵，普洛斯彼罗[①]和埃尔米奥娜[②]就是他塑造的两个遭遇非难但依然宽容的完美人物形象。

　　17世纪初，哪些人提出了和平与包容将成为社会发展主流趋势的预言？为什么说这样的预言充满了欺骗性？为什么清教徒革命最终还是爆发了？本书将会就这些问题做深入的探讨。

[①] 普洛斯彼罗是威廉·莎士比亚戏剧《暴风雨》中的人物。他原本是米兰公爵，其弟安东尼奥在那不勒斯国王阿隆索的帮助下篡夺了爵位。普洛斯彼罗历尽艰险漂流到一个岛上，用魔法降服了岛上所有的精灵。几年后，普洛斯彼罗用魔法唤起风暴，让其弟和那不勒斯国王阿隆索乘坐的大船撞到了岛礁上。船上的人安全登岸后，依然在勾心斗角。普洛斯彼罗最终降服了安东尼奥和阿隆索，恢复了自己的爵位。——译者注

[②] 埃尔米奥娜是威廉·莎士比亚戏剧《冬天的故事》中的人物。她是西西里美丽、贞洁的王后，但被国王里昂提斯怀疑不忠，并被投入监狱。埃尔米奥娜因遭受不白之冤，在狱中生下女儿后于悲伤中去世。不过，她在剧终时得以复活。——译者注

第2章
都铎王朝

精彩看点

改革如何演变成革命——英格兰历史上被暴力推翻的君主——亨利六世时代王权式微——从约克王朝到都铎王朝王权的加强——星室法庭和高等宗教事务法庭——英格兰人为什么支持加强王权——伊丽莎白一世是国家利益的代表

国王、议会与法庭这样的政治机构并不是偶然产生的,而是在特定历史阶段为服务国家和民族发展而设立的。因为新生一代总想去做上一代不愿做的事情,所以当权者要么会拼命抵制新的变化,要么在实施新的变化时会感觉力不从心。这时,就有必要对实施管理行为的机构进行改革。如果改革的力度比较大,并且需要用武力做保障,那么改革就变成了革命。

　　英格兰政府无法像古希腊专制政府那样依靠军队确保其对民众的管理,也无法像当代亚洲专制政府那样只须面对逆来顺受、对任何变革都漠不关心的人民。因此,英格兰政府如果想维持地位,就得满足两个先决条件。首先,必须保证被统治者有向统治者表达民意的渠道,好让统治者明白他们想要什么,不想要什么。其次,必须选出一些有能力的个人或机构,让其负责指导民众以合理的方式去实现梦想。声誉再高的统治者如果无视客观规律,最终也会走向绝路;智慧超群的统治者如果总在强迫民众接受他们抵触的东西,最终也难逃毁灭的命运。

　　在尚未创立宪制的国家里,情况也是如此。历史上,沙皇如果不能满足民意,就会有遭遇暗杀的危险。我们建立现代宪政制度的初衷就是希望通过论证或讨论的方式让统治者的治国理念与普通民众的诉求和愿望保持一致,从而避免暴力事件的发生。

中世纪的人们习惯用暴力手段解决问题。爱德华二世、理查二世和亨利六世就是被暴力推翻并惨遭杀害的。尽管如此,治理国家需要的是相互协商而非暴力手段。国家的各个部门都应在国王和代表民意的官员共同管理下运转。我们的祖先将这种管理体制视为富裕之国的基础,"富庶"指的是整个国家,而非少数几个富人。新的法律和税收政策出台前必须经过国王和议会的一致同意。由国王任命的法官必须在大众陪

爱德华二世被杀害

亨利六世被杀害

审团参与的情况下方可对嫌犯进行审判或对财产纠纷做出判决。军队虽由国王及其任命的将领共同指挥,但由于其本身是由体格强健的民众组成的,而非独立于民众的常备军,所以只要战争不符合民众利益,军队就可以拒绝参战。

直到15世纪末,英格兰都在沿用这样的政府运作机制。后来,因为特殊情况的出现,国王暂时拥有了更多的权力。亨利六世统治时期,政府管理相对软弱，强大贵族欺凌弱小贵族的事情频频上演。贵族们通过行贿或直接威胁的方式操纵了法庭陪审团，让陪审团成了服务自己的工具。正义从此不复存在。人们在光天化日之下遭到屠杀，平静的家园被恶霸袭击、洗劫，这样的事情屡见不鲜。立法不是由选举产生的议员通过投票方式决定，而是由决斗中武力获胜者决定。为了约束这些目无法纪、胡作非为的贵族，约克王朝统治时期的国王在不断加强王权，到都铎王朝统治时期，王权已得到了极大强化。撇开亨利八世的人品不谈，他在巩固王权方面所做的工作非常出色，女儿玛丽一世在位时已不需再做太多的事情了。

英格兰尚未完全压制住国内反叛贵族的势力，与罗马教皇的争斗便又开始了。因此，为了更好地抵御外敌和平定内乱，维护良好的社会秩

约克王朝的标志——白玫瑰

序，英格兰国王就需要拥有更多的权力。这是当时英格兰君主可以免受宪政制度约束而独立行事的一个原因。

就这样，英格兰的王权变得空前强大起来，王室在各个政府部门都有发言权。在税款使用方面，尽管议会独立决定财政支出仍然是基本的开销原则，但王室有时也有权避开议会做出一些决定。王室有时会要求民众捐款，有时会向民众借款，借款之后还不偿还。王室偶尔也会在未经议会同意的情况下对某类进口商品加征关税，但这种情况不多见。总体而言，伊丽莎白一世比她父亲亨利八世和祖父亨利七世都谨慎。她不愿侵害臣民的利益，总是在竭力避免向他们提出不合理的派捐要求。当时，王权的扩张主要体现在司法领域。英格兰王室与国内反叛贵族和罗马教皇斗争时期，所有决策都是王室在没有陪审团干预下自行做出的。英格兰王室也因此设立了两大司法机构：星室法庭和高等宗教事务法庭。

星室法庭

伊丽莎白一世统治时期，星室法庭由枢密院所有官员与两位首席法官组成。星室法庭拥有审判权的依据源自枢密院过去制订的一些条款及亨利七世统治初期的一项议会法案。星室法庭虽然没有判处死刑的权力，但拥有罚款和监禁等判决权，在对诸如诽谤之类罪行的判罚上，甚至有权动用颈手枷，对犯人处以割耳的刑罚。有钱有势之人犯罪后，大众陪审团往往不敢为其定罪。这时，星室法庭就可发挥重要作用。伊丽莎白一世统治后期，打击贵族势力的情况已不多见，星室法庭主要处理大众陪审团无法解决的一些复杂案件。一些游走在法律边缘、劣迹斑斑

亨利七世

的人因其行为并未实际触犯法律,所以在普通法庭上有可能逃脱法律的惩罚,但星室法庭可以定他们的罪,让他们得到应有的惩罚。因此,只要王室的利益和国家的利益一致,星室法庭就有存在的必要。然而,如果王室的利益和国家的利益出现了矛盾,那么完全受王室控制的星室法庭很有可能会遏制国家的发展,而不是为国家服务了。

高等宗教事务法庭可以被视为宗教方面的星室法庭。伊丽莎白一世之所以能够设立这样的法庭,是因为:第一,一项议会法案赋予了她纠正教会暴行的权力;第二,她自己重申了王室享有管理教会的权力。高等宗教事务法庭由伊丽莎白一世任命的神职人员和世俗人员组成,可以对神职人员施以降职或暂停工作的处罚,还可做出罚款或监禁的判决。和星室法庭一样,高等宗教事务法庭的价值在于其行使权力的方式。议会的本意是用高等宗教事务法庭去阻断罗马天主教的传播,但伊丽莎白一世主要用它对付清教徒。如果民众接受了清教思想但王室竭力反对,那么高等宗教事务法庭就成了清教运动的最大障碍。

由此看来,16世纪国家机构发生的所有变化都对英格兰王室有利。不过,王权是否得到加强不能仅用法庭和法律方面的变化去衡量。事实上,人们已逐渐将王室视为国家生活的中心,认为王室就是国民权利的捍卫者,内可惩处胡作非为的贵族,外可抵御伺机入侵的教皇及其盟友。看到伊丽莎白一世拥有越来越大的权力后,人们便纷纷歌功颂德,献上溢美之词。王权集中这一点在威廉·莎士比亚于伊丽莎白一世统治末期创作的历史剧中也有所体现,而在剧中议会在英格兰政治生活中的作用则越来越小。威廉·莎士比亚在历史剧《约翰王》中讲述约翰王[①]的

[①] 约翰王(1167—1216),英格兰国王,1199年到1216年在位。他是英国历史上最不得人心的国王之一,好战却屡战屡败。在理查一世被囚禁于神圣罗马帝国期间,他曾图谋篡夺王位,但后来理查一世宽恕了他,并指定他为继承人,从而剥夺了约翰长兄杰弗利之子阿瑟的王位继承权。——译者注

故事时，并未提及他签署《大宪章》一事①。威廉·莎士比亚感兴趣的是不同权势、性格迥异人物之间的私人恩怨。在历史剧《理查二世》和《亨利四世》中，他讲述了王权被剥夺后君主会经历怎样痛苦与动荡的生活。剧中的理查二世曾说道："所有污浊的海水也冲刷不掉国王身上的圣油。"威廉·莎士比亚首先对国家忠诚，其次才对君主忠诚。他虽然知道理查二世遭废黜后必有灾祸，但更同情自食其力、勤奋务实的亨

威廉·莎士比亚

---

① 《大宪章》，也称《自由大宪章》。1215年6月15日英格兰国王约翰在大封建领主、教士、骑士和市民的联合压力下被迫签署了这份限制国王绝对权力的文件，文件要求王室放弃部分权力，尊重司法过程，王权要接受法律的限制。清教徒革命时期，《大宪章》被作为争取权利的法律依据，并被确定为英格兰宪法性文件之一。——译者注

亨利四世

利四世。威廉·莎士比亚如果能再多活半个世纪,是应该为查理一世送上绵绵哀思还是应该讴歌奥利弗·克伦威尔的伟大事业呢?

伊丽莎白一世只要活在世上,就会代表英格兰的国家利益。伊丽莎白一世尽管有诸多缺点,但总能体恤民众疾苦。据说,伊丽莎白一世有一次请了一位夫人讲她是如何留住丈夫感情的。那位夫人的回答是"她相信丈夫的理解和判断力。她不但珍惜丈夫对自己的感情,还愿意永远钟情于他,顺从他的心意,让他明白她对他的真情。这样就能唤回他对她的感情"。伊丽莎白一世说:"快去这样做吧,夫人。我觉得你很在行。我也要善待自己的丈夫——我善良的臣民们。他们如果感受不到我诚挚的爱意,就不会心甘情愿地接受我的统治。"

伊丽莎白一世的王位继承人也能和她一样代表国家利益吗？如果不能，下议院就会表达国民的意愿，向王室要回用来服务国家的权力。没有一番争夺，权力状况不会自动改变。之前，出于对整个国家利益的考虑，人民将权力赋予了王室。但如果王室和人民的利益出现了矛盾，那么过于集中的王权就会阻碍国家的发展。最终，人民只能诉诸武力去消除这种障碍。

第3章
汉普敦宫会议及与苏格兰结盟

精彩看点

伊丽莎白一世的继承人詹姆斯一世——汉普敦宫会议召开的原因与结果——1604年3月19日下议院会议——詹姆斯一世与下议院分道扬镳的导火索——坎特伯雷大主教乔治·阿伯特——英格兰与苏格兰统一的计划

詹姆斯一世的苏格兰人身份是他继承伊丽莎白一世王位时的一大障碍。詹姆斯一世虽然是亨利七世的后裔，但并未在英格兰长大，所以其思维方式和英格兰人不同。不过，这并不意味他没有头脑。事实上，他

青年时期的詹姆斯一世

往往比其他人更清楚哪些事情该做而哪些不该做。不过，他最大的缺点就是做事怕麻烦，任何计划在付诸实施前本应考虑周全，但缺乏耐心的他往往会跳过这一步。此外，他还听不进去反对意见。他坚信自己有权统治英格兰。这种自信某种程度上源自其高贵的出身，但自认为拥有过人的智慧才是他自信的主要源泉。他喜欢通过论辩的方式探讨问题，但常常会侮辱那些不愿按他的思维方式看问题的人。另外，在苏格兰的经历容易让他在处理清教徒问题上产生偏见。英格兰人担心的清教独大情况在苏格兰就是事实。詹姆斯一世永远也不会忘记令他蒙羞的那一天，一位清教牧师曾在公众场合拉着他的袖子称他为"上帝的蠢臣"。

詹姆斯一世继承王位近十个月后，于1604年1月14日召集清教徒的主要领袖及国教重要主教到汉普敦宫开会，想了解清教徒希望教会做出怎样的改变。詹姆斯一世采纳了清教徒提出的一些建议，并安排专人整理这些建议的文字材料，为即将到来的议会立法做准备。但在主要问题上詹姆斯一世没有半点儿让步，国教的规章制度还得严格遵守。比如，神职人员在参加宗教仪式时必须身着白色法衣，在洗礼仪式上必须在胸前划十字，婚礼仪式上必须有交换戒指的环节。

我们不能说詹姆斯一世的规定完全不合理。每名非国教牧师如果都按自己的方式行事，就有可能忽略会众已经习惯的某些仪式，或者加入会众比较陌生的仪式，从而冒犯到他们。但我们在这里也要指出一条自相矛盾的规定，即任何对国教不满意的教徒有退出国教并选择自己礼拜仪式的自由。但在整个国家只允许一种礼拜仪式存在的英格兰，这其实就是一条无效的规定。其实，詹姆斯一世统治时期的宗教各派都不赞成各宗教团体以各自认为合理的方式做礼拜。当时唯一的问题是，英格兰要不要出台统一、硬性规定的教会规矩，要不要让不符合规矩的传教者禁言，哪怕他们有超强的传教能力。

遗憾的是，詹姆斯一世并不仅满足于宣布这样的教会规矩。在提到

汉普敦宫

"长老"这个词语时,他突然变得狂躁起来。他说:"苏格兰长老会对待王权就如同上帝对待魔鬼一样!随便什么阿猫阿狗都可以谴责我,谴责枢密院,对我们的公务说三道四……我请你们留下来,请你们在向我提出要求前先待上七年,如果那时你们发现我呼吸困难,老态尽显,我也许就会听从你们的建议。但目前我要坚持上天赋予我的权力,为国尽力,努力工作……如果我确实懒得无可救药,那么你们就谴责我,而我将无话可说。"

清教徒们显然被詹姆斯一世的言辞激怒了,但主教们对他表达的内容还是非常满意的,尽管表达方式还有待商榷。其中一位主教甚至说詹姆斯一世就是在传达神谕。而清教徒们则大失所望,一个个拂袖而去。

1604年3月19日召开的下议院会议并不是清教徒的专场。但会议还是希望詹姆斯一世能向清教徒做出一些让步,好让他们在基督教义的影响下洗刷掉身上的邪恶和罪孽。

教会问题并不是詹姆斯一世与下议院分道扬镳的唯一导火索。詹姆斯一世急于将英格兰和苏格兰合二为一,但这个他自认为伟大的构想并未得到下议院的认同。议员们竟然罗列出联合后可能出现的种种危险,这让詹姆斯一世大为恼火。詹姆斯一世和下议院之间一旦出现裂痕,日后在其他事情上也很难再达成一致意见。议会休会时,二者之间的矛盾已经公开化了。

詹姆斯一世虽然没有赢得议会支持,但仍然控制着英格兰国教。这一神职机构可以制订教规,即约束神职人员的法律,虽然这些教规并不适用于世俗民众。现在,英格兰国教强迫所有神职人员都得依照詹姆斯一世期望的统一仪式参与宗教活动。新教规出台后,大约有三百名神职人员因拒绝遵守而遭到驱逐。在宗教高压下,英格兰教会呈现出一种和平的假象。

詹姆斯一世眼下的处境还不算危险。清教徒人口在包括神职人员和世俗民众的整个人口中只占很小的比例。如此严厉的宗教措施竟然能顺利推行充分说明了现行的仪式至少得到了大部分人的默认。但国外许多反对势力认为驱逐神职人员对宗教事业发展不利，一旦它们妄图反对英格兰王室，清教徒将会成为它们的帮凶。

六年来，英格兰一直在推行统一的国教仪式。1610年，乔治·阿伯特①被任命为坎特伯雷大主教。他虽然遵守国教仪式，但在教会管理方面比较宽松，甚至对清教徒有几分同情。他管理下的教会在教规执行方面不像以前那么严格。到处可以看到随意丢弃的白色法衣，牧师主持仪式

乔治·阿伯特

---

① 乔治·阿伯特（1562—1633），英格兰教士，1611年至1633年任坎特伯雷大主教，信奉加尔文教，对包括清教徒在内的宗教极端人士采取宽容的态度。——译者注

时经常会省略某些程式。不过，依法享有一定限度的自由是一回事，因护法人渎职而造成的自由则另当别论。某大主教允许的行为在另一大主教看来可能就是禁忌。

英格兰与苏格兰合并的计划推进得非常缓慢，下议院也只在1607年才做了几次无关痛痒的让步。尽管下议院表示会在将来某个时刻讨论该计划，但詹姆斯一世还是想尽快解决此事。法官不像下议院那样容易为偏见所左右。他们在任何情况下都靠手中的法典来说话。他们认为，既然詹姆斯一世登上了英格兰王位，苏格兰人也就自然成了英格兰人。于是，人们暂时不再谈论两个王国合并这一话题了。

第4章

新税与《大契约》

精彩看点

王室的日常运转与专项资金——吨税和磅税——强制税——王室巨大的亏空——《大契约》——詹姆斯一世拒绝弗朗西斯·培根的建议——"昏乱议会"

除了统一国教仪式和苏格兰与英格兰合并这样的大问题，英格兰还面临许多其他问题。如果王室和下议院能在重大问题上达成一致意见，那么其他方面的小问题也就迎刃而解了。然而，王室与下议院之间的矛盾不断激化，下议院在受制后会用停拨经费的方式反制国王。王室的日常运转需要专项资金支持，但除非推翻英格兰的宪制传统，否则未经下议院批准，王室就拿不到专项资金。

当然，这不完全是詹姆斯一世的错。伊丽莎白一世曾在国库吃紧的情况下发动了一场耗资巨大的战争，即使詹姆斯一世和她一样节俭，也无法避免巨额财政赤字情况的出现。更何况已婚国王的家庭开支肯定会超出未婚女王一个人的开支。刚到英格兰时，詹姆斯一世根本不知道自己需要节俭度日。在苏格兰尝到过穷困滋味的詹姆斯一世一度认为英格兰国库的资金似乎取之不竭，于是便肆意挥霍。结果，登上王位的第四个年头，他一年的开销就多达五十万英镑，而所有进账只有约三十二万英镑。

在这种情况下，王室很难抵制不用冒风险还能扩大收入的诱惑。而诱惑恰恰在这个时候悄然而至。每当有新国王登基，英格兰议会都会将进出口货物的关税征收权授予国王，史称"吨税和磅税"①。但除这些税收外，玛丽一世和伊丽莎白一世在位时未经议会授权还征收了小额"强制税"。詹姆斯一世更是向葡萄干和烟草也征起了强制税。1606年，一个叫约翰·贝特的商人拒绝支付葡萄干强制税。后来，纠纷由英格兰财政署法庭处理，法官判定国王有权在未经议会授权的情况下对进出口商品征收强制税。虽然我们现在也能接受法官可能会出错的事实，但他们当时犯的错误确实有点儿离谱。这样一来，国王就可以用征收"强制税"随心所欲地筹集资金，并且不用担心违法。

1608年，王室就通过征收"强制税"获得了丰厚的利润。新征的商品强制税高达七万英镑。即便如此，王室每年还有十八万英镑的赤字需要填补。1610年，王室不得不开始向议会求助。

不久，王室和议会之间达成了一项协议，史称"大契约"。根据《大契约》，国王需要放弃一些过分、过时的权利，但每年可以多获得二十万英镑的王室专款。然而，在正式履行《大契约》前，下议院就新增强制税问题进行了讨论，一致认为这样的行为是不合法的。不过，未经国王和上议院的同意，下议院是不能将财政署法官曾宣布为合法的行为再判定为非法行为。詹姆斯一世主动将强制税降至两万英镑，并承诺说，如果议会承认他之前拥有的其他权利，他将不再征收新的强制税。

议会暑期休会到来时，上述协议内容还未写入法案之中。于是，王室和议会决定在冬季会期再专门处理此事。但冬季会期到来后，詹姆斯一世和议员们都变得非常生气。议员们就协议内容与选民讨论后得出结论：王室要求民众付出的东西太多了。詹姆斯一世就此事与其大臣谈

---

① 吨税与磅税是中世纪英格兰征收的两类税的总称。吨税指对进口酒类征收的进口税，磅税指对进出口羊毛等物品征收的进出口税。通常，新国王登基时，议会将授权国王终身征收这两种税。当时，英格兰每年进出口贸易额较大。这两种税是一大笔收入，几乎占王室总收入的四分之一。——译者注

17世纪初的詹姆斯一世

论后也得出结论：他得不到多少好处。在这种情况下，双方是无法达成任何协议的。詹姆斯一世一气之下解散了自己登基后的首个议会。他虽然负债累累，财政上出现了巨额赤字，但拥有财政署法官认可的一项权力——随心所欲地征收"强制税"。

任何好的建议詹姆斯一世都听不进去。曾经教他如何与清教徒打交道的弗朗西斯·培根再次向他提出了解决财政困难的建议。弗朗西斯·培根认为，与下议院讨价还价是不明智的。一旦跟下议院讨价还价，下议院自然会将自己的利益最大化，而将国王的利益最小化。但有一点必须铭记，即国王和议会都是英格兰国家机构的组成部分，有共同的利益和事业。国王有义务把国家治理好，并且不应该索取任何回报。詹姆斯一世如果真能做到这一点，就会赢得臣民的爱戴和尊敬，就可以轻松地从他们那里获得维持王室运转的资金了。

但弗朗西斯·培根的建议并未被采纳。1614年，詹姆斯一世再次召集议会，开启了新一轮谈判。这次，詹姆斯一世没有像之前那样放弃太多权利，当然也没有向议会索要过多款项。但他的行为准则并未改变，结果可想而知。下议院每批准一笔财政支出都会提到强制税问题，并一再宣称国王无权征收强制税。几周后，冲动的詹姆斯一世再次解散了议会。本届议会没有制订任何法规，史称"昏乱议会"。

第5章

火药阴谋

精彩看点

詹姆斯一世与天主教徒之间紧张的关系——不尊奉国教罪——詹姆斯一世调整针对天主教徒的政策——罗伯特·凯茨比与盖伊·福克斯——暗杀詹姆斯一世的密谋——计划败露——盖伊·福克斯被捕——对天主教徒的惩罚

乔治·阿伯特升任坎特伯雷大主教后，詹姆斯一世与清教徒之间的关系出现了某种缓和，甚至对言行不太过分的清教徒保持宽容。然而，詹姆斯一世与天主教徒之间的关系在乔治·阿伯特升任大主教之前的一段时间里变得异常紧张，远比他刚登基时紧张。

根据伊丽莎白一世时期的法律，那些拒绝去教堂做礼拜的天主教徒会被判不尊奉国教罪。对不尊奉国教者的处罚是：富人每月须交纳二十英镑罚金；无力交纳罚金的地主须将其三分之二的土地充公；无土地者须将其家具或房产变卖所得上交国库。这些不尊奉国教的人还有可能会被革出教会，而一旦被革出教会，他们就可能会被毫无缘由地投入大牢。神父做弥撒或协助神父做弥撒都是可判处死罪的行为。当然，这些严厉的处罚在实际执行中往往会有较大的变通。不过，不去教堂做礼拜的人很清楚，他们命悬一线，随时有可能人头落地。

詹姆斯一世继位前想得到更多臣民的支持，所以希望能为天主教徒减轻一些精神负担。他到英格兰登基后不久，便通告所有天主教徒，只要他们忠于王室，针对他们的罚款条令将不再执行。但詹姆斯一世并没有因此而安下心来。罚款条令刚刚废止，不尊奉国教的人数便大幅增加。有谣言称，不尊奉国教的人欲对王室图谋不轨。1604年2月，詹姆斯一世开始驱逐所有天主教教士，但对不尊奉国教的世俗之人尚未采取行动。

在英格兰，一些狂热的天主教徒会为了教派利益冒险去做任何事情。驱逐天主教教士的决定刚一公布，罗伯特·凯茨比①便和自己的几位朋友密谋用火药将国王和议会上下两院所有议员送上天。他们从佛兰德斯②请

罗伯特·凯茨比

---

① 罗伯特·凯茨比（1572—1605），出生于英格兰沃里克郡的狂热天主教徒，不尊奉英格兰国教的天主教领袖，"火药阴谋"的主谋。他以反对英格兰王室而闻名，其言论极具煽动性，曾于1601年参与了埃塞克斯叛乱，被捕后遭到了没收土地的处罚。1605年的"火药阴谋"计划失败后，罗伯特·凯茨比在拒捕时被乱枪射死。——译者注
② 佛兰德斯，中世纪欧洲的一个伯爵领地，包括现在的比利时、法国、荷兰等国部分地区。——译者注

了一名冷静勇敢的斗士盖伊·福克斯[①]来帮他们实施暗杀计划。后来又有几人陆续加入了暗杀计划。当然，这些人都是狂热的天主教徒。密谋者在上议院隔壁租到了一所房子，他们想在房子的地下室挖出一条通往上议院地下室的通道，然后在议会开幕前将火药桶安放在上议院的地下室。中间的墙有足足九英尺厚，几星期的挖掘未见明显成效。后来，水流了进来，迷信的挖掘者认为这是上苍在向他们发出停工的信号。

1605年春，詹姆斯一世因担心不尊奉英格兰国教的人会越来越多，所以重新启用了抵制罗马天主教的法律。密谋者再次受到了刺激。不过，他们同时得到了好消息——一个可以直通上议院地下室的地窖要往外出租。一名密谋者马上以自己的名义租下了这个地窖。于是，他们就把火药安全地放进了地窖里。为防止被人看出端倪，他们还在火药上覆盖了干柴。接下来密谋者要做的事情就是准备在大爆炸后发动起义。

租一个地窖、买十几桶火药的费用这几个密谋者还是能承担得起的。但要想发动起义，他们就需要更多的资金支持。三位富有的天主教徒得知该计划后，慷慨解囊，积极支持他们的行动。不过，其中一人因担心自己在上议院供职的一位亲戚的安危，便把部分暗杀计划悄悄透露给了政府，希望谋反者能受到政府的警告，然后赶紧逃离是非之地。

然而，在收到警告后，密谋者并不相信政府会采取行动。议会定于1605年11月5日开幕。1605年11月4日晚上，盖伊·福克斯在放置火药桶的现场被捕。1605年11月5日一大早，其余密谋者纷纷向城外逃去。有的在逃跑途中被击毙，有的在被俘后以叛国罪被处死。

---

① 盖伊·福克斯（1570—1606），出生于英格兰约克郡的狂热天主教徒，"火药阴谋组织"成员。1593年，他离开英格兰加入了西班牙军队，前往尼德兰作战。1604年4月，他回到英格兰，加入了"火药阴谋"计划。计划失败后，盖伊·福克斯被捕，在后来的审判中被判处死刑。——译者注

罗伯特·凯茨比被杀

处决火药阴谋参与者

火药阴谋被粉碎后，天主教徒遭到了致命打击。针对他们的法律变得更加严苛，被处罚金的情况更是屡见不鲜。对天主教徒仁慈的大门已经关闭，这种状况还将持续很多年。

第6章
詹姆斯一世和西班牙

精彩看点

詹姆斯一世希望与西班牙结盟——詹姆斯一世向西班牙国王腓力三世提亲——沃尔特·罗利与《世界史》——沃尔特·罗利寻找黄金——沃尔特·罗利空手回到英格兰——詹姆斯一世下令处死沃尔特·罗利——宠臣罗伯特·卡尔的下场——乔治·维利尔斯权倾朝野——詹姆斯一世对权力限度的看法

"火药阴谋"事件再度激起了詹姆斯一世对西班牙和国内天主教徒的反感。不过，这种反感只是短暂的，詹姆斯一世并未深陷其中而不能自拔。事实上，只要知道自己在英格兰的权威不会受到威胁，生性反感残暴行为的詹姆斯一世就不会再迫害天主教徒。为避免英格兰卷入欧洲战争，詹姆斯一世还想到了与西班牙结盟的办法。

　　但詹姆斯一世又不愿直接向西班牙提出结盟计划。1611年，他曾向西班牙国王腓力三世提亲，希望儿子能迎娶一位西班牙公主。1614年，詹姆斯一世解散议会后，重提和西班牙联姻一事。他必须筹到王室运转的资金，从议会那里得不到，他就寄希望于西班牙国王腓力三世给女儿的嫁妆。他同时认为，英格兰的天主教徒因此也就不会再提出非分要求了，他只要允许他们在家里做礼拜即可；而一旦发现他们有危险举动，他可以随时收回自己的承诺。1617年，联姻谈判正式开始，但西班牙最终没有同意将公主嫁到英格兰，因为英格兰没有同意在宗教信仰政策上做出改变。

　　詹姆斯一世对资金的渴望让他选择了另一步棋，这步棋远比与西班牙结盟让他印象深刻。沃尔特·罗利爵士是一位英格兰政治家、殖民者、海盗和历史学家,他在詹姆斯一世继位不久后,稀里糊涂地卷入了一场反叛阴谋之中,被判死刑。后来,他又被改判死缓,关进了伦敦塔。在伦敦塔中,沃尔特·罗利潜心写成了一部《世界史》。他在书中描述了大西洋对岸的美洲大陆,谈到了那里的森林和河流,还专门提到了奥里诺科河岸边一座储量丰富的金矿。詹姆斯一世对此半信半疑,他

沃尔特·罗利

身边的人则劝他但听无妨。这些人不愿和西班牙结盟，不愿让詹姆斯一世和信奉天主教的西班牙国王关系走得太近，他们想再次看到普利茅斯的海盗和巴恩斯特普尔的海盗能从西班牙控制的海域抢回大量财富。

虽然詹姆斯一世不想和西班牙断绝关系，但金子似乎对他更具吸引力。詹姆斯一世让沃尔特·罗利保证不会靠近西班牙领土，并保证不会动西班牙人一根毫毛后，就将他释放了。沃尔特·罗利出狱后奉命率人急赴奥里诺科河。不过，他坚信只要能抢到金子就可以不必信守诺言。他命令手下人溯河而上，但没有明令禁止使用武力。他们占领并洗劫了一个由西班牙人控制的小镇，但没有发现金矿，沃尔特·罗利的长子在这次行动中丧生。失败使沃尔特·罗利伤心欲绝，他建议船长打劫过路

沃尔特·罗利抵达奥里诺科河

的西班牙运宝船，掠取黄金，但船长没有听从他的建议。最终，他两手空空地回到了英格兰，被詹姆斯一世送上了断头台。

詹姆斯一世所做的每件事几乎都无法如愿以偿。虽然他正直善良，但他身边的人不具备这些品质。他们都急于想把他拉向并不适合他走的道路。为了应付他们，詹姆斯一世计划在身边培养一位年轻的宠臣，让他同时扮演自己的娱乐伙伴、私人秘书、政事代理等角色。最重要的是，这位宠臣还能代替他向那些对他提出各种要求的人说"不"。他选

沃尔特·罗利被处死

罗伯特·卡尔

择的第一个人是年轻的苏格兰小伙罗伯特·卡尔。罗伯特·卡尔具备詹姆斯一世想要的那些品质，最终被封为萨默塞特伯爵。与西班牙就联姻事宜公开谈判之前，罗伯特·卡尔就频频为詹姆斯一世出谋划策。但罗伯特·卡尔后来有点得意忘形了，居然爱上了埃塞克斯伯爵罗伯特·德弗罗的妻子弗朗西丝·霍华德，并在她离婚后娶了她。但不久，弗朗西丝·霍华德被指控为一桩谋杀案的主谋，罗伯特·卡尔被怀疑为她的帮凶。后来，罗伯特·卡尔与弗朗西丝·霍华德被法庭判为死刑，但詹姆斯一世赦免了他们，将他们贬为庶民。

乔治·维利尔斯取代罗伯特·卡尔成了詹姆斯一世的新宠，不久便先后被封为白金汉伯爵、公爵。乔治·维利尔斯在能力和性情上都远

埃塞克斯伯爵罗伯特·德弗罗

弗朗西丝·霍华德

乔治·维利尔斯

超罗伯特·卡尔。如果他的官位不是上升得过快,他或许还能为英格兰做出非凡的贡献。然而,快速升迁足以毁掉任何一个人。虽然多年来詹姆斯一世一直独掌大权,但任何人若想要得到王室的提拔,就必须先讨好乔治·维利尔斯。乡绅想升为男爵,男爵想升为伯爵,律师想成为法官,法官想得到管理财政或国家要务的肥差,都必须向乔治·维利尔斯点头哈腰、溜须拍马。源源不断的财富给乔治·维利尔斯带来了足够的尊严。仅仅一两年后,这个曾经一度买不起新衣服的年轻人摇身变为英格兰最富有的贵族。难怪他会得意忘形。难怪他会幻想所有人都应该彻底服从他。一人得道仙及鸡犬,乔治·维利尔斯开始盘算着怎样把母亲接到宫里,把自己的兄弟封为贵族,把自己的侄女、外甥女、堂姐妹嫁到有身份、有地位的人家。詹姆斯一世对乔治·维利尔斯言听计从的做法看似愚蠢,但他实则打着自己的小算盘。他不想再受到议会上下两院的约束,希望那些或靠溜须拍马或靠出钱贿赂而获得乔治·维利尔斯提拔的新贵族能在日后坚定地支持自己。

詹姆斯一世登上王位以来,其治国初衷虽好,但结果总是不尽人意。他希望自己能与人为善,所以发现越来越多的高官走旁门左道时也不加阻止,而是任由这种风气蔓延。不过,也有不少人认为,任何救治措施对病入膏肓之体都无济于事。国家官员都得看一个毫无经验、乳臭未干之人的脸色行事,这种体制本身就是腐败的温床。

詹姆斯一世对自己权力限度的看法与伊丽莎白一世的看法毫无二致。1616年,他在一个庄严的场合下发誓要维护正义和法律的尊严。他说:"根据法律,君主有权统治臣民,臣民必须接受君主的统治。"他接着说,"只要他的身体允许,只要他的知识还能跟上形势,他就应该信守誓言"。那些表述模棱两可的法律条文由议会负责澄清。詹姆斯一世则要确保法官不能在法律中随意加入任何新奇的想法。在詹姆斯一世看来,王室有权控制法官的意志。他说,"这是国王的合法权利,他有权将法庭控制在适当的权限之内"。然后,他又激动地说了一番今天看来颇不可思议的话:"王室享有的绝对权力不是法官该谈论的话题,对天赋王权进行质疑的行为是非法的。对上帝安排的质疑就是对神明的亵渎;虔诚的基督徒应该听从上帝的神谕;臣民讨论国王该干什么或不该干什么是大逆不道之举;法律反映的是国王的意志,臣民应该欣然接受。"

我们可能容易将这番话视为荒诞之言。然而,这番话非常有价值,值得我们仔细分析。只有这样,我们才能更好地理解英格兰之后的历史。事实上,没有哪个国家的管理仅靠一套普遍的法规就可以完成。所谓的普遍法规是凡人设定的,难免会出现偏颇,不可能解决一切问题。一旦新问题出现,就必须靠拥有非凡智慧的当代人去解决,由他们出台新法规或修订旧法规,还要确保他们在立法时不得滥用权力。就英格兰来说,拥有这种非凡智慧的人或者从议员中物色,或者从对议会负责的各部门行政长官中寻找。根据都铎王朝的宪制原则,新法规要得到国王和议会一致同意才能生效。不过,国王只负责维持政府机构的正常运转,在紧急情况下才可颁布特殊法规而不用对任何人负责。詹姆斯一世如此含糊的语言表述暗示了种种危险,但他主要的意思是:王室特权不受他人限制,国王在需要的时候就可以动用王室特权,谁也无权事先以所谓的制度去约束国王的行为。

到目前为止,詹姆斯一世也只是在沿用以前君主制订的制度,但他忘记了每种制度的成功都与遵循时代精神密不可分这一点。都铎王朝的统治者渴望赢得民心,一旦发现自己的意志与民心背道而驰,就会暂时将计划搁置。然而,詹姆斯一世很少关心民意,只考虑自己的利益。虽然清教徒暂时还对国家构不成威胁,但詹姆斯一世的外交政策让他们忍无可忍。英格兰出兵与国外新教势力作战的决定已经够糟糕了,但更可怕的危险马上要降临了。如果威尔士亲王查理迎娶了一位西班牙公主,那么英格兰国内的天主教徒就得势了。在王室的庇护下,信奉天主教的人会不断增加，结果天主教徒的意志就可能成为国家的意志，而新教徒将逐渐失去政治发言权。而且威尔士亲王查理未来的子嗣完全有可能会反对英格兰人的信仰，他们长大成人后还可能利用王权去支持其母亲信奉的天主教。如果清教徒能够从昏睡中清醒过来，誓与詹姆斯一世倚重的王权做斗争，那么他们就应该首先破坏英格兰与西班牙的联姻计划。

第7章
西班牙军队攻打巴拉丁

精彩看点

波希米亚战争——詹姆斯一世的女婿巴拉丁选帝侯腓特烈五世——波希米亚革命——腓特烈五世成为波希米亚国王——神圣罗马帝国皇帝斐迪南二世——讨伐腓特烈五世的战争——腓特烈五世失去波希米亚——新教联盟对詹姆斯一世感到失望——丹麦国王克里斯蒂安四世——下议院对詹姆斯一世的不满——平息民愤运动——弗朗西斯·培根受到重罚

1618年，詹姆斯一世不愿看到的事情还是发生了。波希米亚战争爆发，战火极有可能在神圣罗马帝国内蔓延。神圣罗马帝国各诸侯因政治矛盾和宗教分歧而分裂。各诸侯之间的冲突归根结底还是由天主教与新教之间的矛盾造成的。这正是詹姆斯一世不愿看到的，因此他在竭力劝说双方不要在宗教问题上没完没了地争斗。虽然詹姆斯一世提出了很多好的解决办法，但涉事双方只是听听而已，并未想过要真正采纳他的建议。

詹姆斯一世的建议本身确实不错，但我们要知道，当时的欧洲已处于三十年战争的边缘，神圣罗马帝国的各大诸侯绝不会放弃自己的判断而去听从心怀善意、毫无私心的詹姆斯一世的建议。詹姆斯一世当时的斡旋几乎是不可能成功的。他必须做出决定：是完全置身事外还是全力支持一方而反对另一方？

不过，总是犹豫不决的詹姆斯一世恰恰做不到这一点。看到神圣罗马帝国天主教徒的残暴、荒唐之举后，他觉得自己应该支持新教徒的事业；但在看到新教徒的暴行后，他又认为自己最好还是不要插手，就让神圣罗马帝国的新教徒听天由命吧。

1619年发生的事情让詹姆斯一世更难做出决定。他的女婿巴拉丁选帝侯腓特烈五世虽然统治着从莫塞尔河一直到波希米亚边境的一大片领地，但他生性软弱，在激烈的政治斗争中根本无法担当重任。不过，造化弄人，腓特烈五世因出身高贵而被那些与罗马天主教势不两立的神圣罗马帝国新教诸侯推选为新教诸侯领袖。波希米亚革命爆发后，革命者废黜了波希米亚国王斐迪南二世，推选腓特烈五世为新国王。但两天后，被选为神圣罗马帝国皇帝的斐迪南二世称腓特烈五世为篡位者，号召所有天主教诸侯派兵去讨伐他。

腓特烈五世

神圣罗马帝国皇帝斐迪南二世

詹姆斯一世认为女婿腓特烈五世不应该接管波希米亚。如果腓特烈五世执意前往波希米亚赴任,他就爱莫能助了。然而,如果西班牙军队从尼德兰出发,突袭巴拉丁,并以此来要挟波希米亚投降,詹姆斯一世又该怎么办呢?一方面,如果腓特烈五世无权接管波希米亚,那么一切迫使他放弃这种做法的手段都是合法的。另一方面,如果西班牙人真的攻入巴拉丁,再想把他们赶出去就难了。以最小的代价解决最多的问题一直是詹姆斯一世的行事原则。他命贺拉斯·维尔爵士率领一支英格兰志愿军赶赴巴拉丁帮助女婿腓特烈五世御敌。

伊丽莎白公主

1620年夏,讨伐腓特烈五世的战争全面爆发。在巴伐利亚、萨克森和神圣罗马帝国的军队杀入波希米亚时,一支装备精良的西班牙军队溯莱茵河而上,攻占了西巴拉丁。詹姆斯一世得知消息后,大惊失色,赶忙召集议会商量帮助女儿伊丽莎白公主和她的孩子们守住巴拉丁的办法。不过,会议还没来得及召开,在布拉格城外白山战役中完败的女婿腓特烈五世已带着家人逃离了波希米亚。

议会会议上，詹姆斯一世要求议员们同意为他以武力威胁进行谈判的计划拨款。然而，因为詹姆斯一世没向议会提议立即派兵进驻神圣罗马帝国，所以下议院只同意拨给他一小笔资金，而没提后续资金的事。詹姆斯一世建议先和神圣罗马帝国谈判，谈判失败后再动用武力。不过，陷入危险之中的新教联盟则对詹姆斯一世的做法颇感失望，认为他应该先出兵而后再谈判。更糟糕的是，不少与腓特烈五世结盟的诸侯纷纷开始倒向神圣罗马帝国皇帝斐迪南二世。本打算帮助腓特烈五世的丹麦国王克里斯蒂安四世在得知詹姆斯一世一再延误战机的做法后，颇感诧异。他对英格兰大使理查德·韦斯顿说："上帝啊，这绝对不是靠耍嘴皮子就能解决的事。我们一直希望在贵国和其他盟友的帮助下，能救巴拉丁选帝侯腓特烈五世于危难之中。如果想为神圣罗马帝国的宗教自由事业做点贡献，那么现在就该行动了。"然而，詹姆斯一世只愿动口不愿动手，克里斯蒂安四世也只好作罢，等待出兵合适的时机。

这样的结果让英格兰下议院很不高兴。议员们觉得又被詹姆斯一世欺骗了，但他们又无权废黜君主，只能在国内事务上发泄心中的不满。

最令他们感到不满的是英格兰的行业垄断。为了促进国内制造业的发展，也为了更好地进行商业监管，英格兰政府将各种商品的生产权或销售权授予某些个人，这些人便成了独家生产商或销售商。比如，有人成了指定玻璃制造商，但要签署一份协议，保证加热熔炉时不使用木材，这样就能为海军省出大量木料。还有人成了指定金银丝线制造商，但要承诺在制造产品的过程中只使用外国原料，因为当时英格兰视金银为财富的象征，这种财富不应该投入熔炉。除了这些垄断的制造商，还有一些人专门负责管理旅馆业，旅馆从业人员向他们支付费用后才能获得旅馆经营许可证。由于这些颁发执照的人和其他涉及垄断经营的人不是白金汉公爵乔治·维利尔斯的朋友就是他的亲戚，所以人们都认为国王的这位宠臣甚至连国王自己都在通过这种方式大肆敛财。但实际上，

白山战役

白山战役

他们捞到的好处往往被夸大了，詹姆斯一世甚至分文不得。即便如此，按照当今的理论，确实不应该让个人垄断某些产品的生产和销售，特别是金银线的生产，政府应采取措施，严加监管。垄断生产和销售的行为虽然没有违反当时具体的法律条款，但无疑是违背法律精神的。

　　为了平息民愤，詹姆斯一世取消了行业垄断政策。人们表面上是在反对垄断行为，实质上是在表达对白金汉公爵乔治·维利尔斯保护伞下权钱交易行为的强烈不满。英格兰大法官亨利·蒙塔古从司法部门调离，出任财政大臣这样的肥差。当他前往纽马克特见下属时，弗朗西斯·培根冷冰冰地说："大人，您要小心了。纽马克特的木材可比英格

亨利·蒙塔古

兰其他地方贵。"他实际上花两万英镑才换来了这个岗位。这就像几年前军队中兜售官职的情况一样，贵族爵位也开始明码标价了。

弗朗西斯·培根是平息民愤运动中的第一位牺牲者。当时，他身为英格兰大法官，代表了法律的尊严。他虽然想在政治舞台上大显身手，但实际上并无多少前途。他一度认为自己可以为国家的发展献计献策，但后来慢慢发现自己只能提一些法律细节方面的建议，而在重大问题的决策上他没有发言权。在巩固王权的过程中，他虽然没有直接参与行动，但做了不少幕后工作。在他善意的建议下，王室采取了一系列的紧缩措施。加之商业日益繁荣，英格兰的财政状况大大改观了。国王在和平时期也不用向下议院寻求资金支持了。当然，偿还因过去挥霍无度而产生债务的情况除外。在事关英格兰的大政方针上，弗朗西斯·培根的话并无多大份量。

弗朗西斯·培根怎么也不会料到自己会遭到无端的打击。作为法官，他总能公正断案，这一点让他备感自豪。不过，就是有人不断指控他受贿，并将控诉书递到了下议院，下议院又将控诉书转交给上议院。起初，弗朗西斯·培根认为这不过是某些人出于政治目的捏造事实罢了。他伤心地说："我不过是一名掌玺官而已。如果国玺放在豪士罗荒地①，就没人会拿它来说事了。"然而，人们很快发现，对弗朗西斯·培根的指控并非没有根据。当时，法官只是名义上从政府领取薪水，实际上主要靠诉讼人的佣金过活。庭审制度不够严，大法官断案后往往会收取胜诉方的礼物。从可查的证据看，弗朗西斯·培根不会因是否收取礼物而影响到断案的公正性。不过，有时他会在诉讼案件尚未有定论时收取别人的佣金，这就成为被人指控收受贿赂的把柄。尽管弗朗西斯·培根的断案大多公正无误，但"为规范司法程序，对他进行适当的惩罚也

---

① 豪士罗荒地，中世纪伦敦西南的一片荒地，常常被作为军队集结和训练的营地。这里暗指英格兰军队。——译者注

是恰当的"。即便这样,弗朗西斯·培根也算得上是自他父辈以来"最公正的大法官"。

弗朗西斯·培根受到了重罚,不仅被免了职,还须缴纳罚金和坐牢。不过,詹姆斯一世赦免了他。他自己也承认了所犯的过错,"我是有罪的,陛下。恳请您能原谅我"。自弗朗西斯·培根之后,再无其他法官遭到过腐败指控。

在审理弗朗西斯·培根的案子时,议会恢复了弹劾制度,尽管该案的审理在某些细节上与普通弹劾程序不同。这也是英格兰宪政史上重要的标志性事件。在弹劾过程中,下议院是代表国家利益的大陪审团,将损害国家利益的嫌犯交给上议院审判,而上议院则充当着法官和陪审团的双重身份。英格兰史上曾有两个时期启用过弹劾制度:爱德华三世到亨利六世统治时期及詹姆斯一世到威廉三世统治时期。这两个时期本身也能说明一些问题。当国王或议会取得主导地位后,其一般做法是将政治对手解职,并让其接受专业法官的审判。亨利八世后期的恐怖统治是一种特殊情况。不过,与王室进行斗争的过程中,议会因为没有罢免王室大臣的权力,所以最好的办法是走正规法律程序,将被指控的犯罪嫌疑人交给带有强烈政治倾向的法庭去审判。就弗朗西斯·培根的案子而言,民众的愤怒并非没有根据。不过,一旦恢复弹劾制度,嫌疑人所犯错误就容易被放大,但下议院因为有弹劾制度便可以要求法庭对他们之前无法解职的犯罪嫌疑人进行审判和惩处。

第8章
蒂利伯爵约翰·塞克拉斯率军占领巴拉丁

精彩看点

约翰·迪格比前往神圣罗马帝国进行斡旋——神圣罗马帝国皇帝斐迪南二世与巴拉丁选帝侯腓特烈五世的矛盾——神圣罗马帝国内战再次爆发——下议院同意给詹姆斯一世拨款——詹姆斯一世与下议院对神圣罗马帝国战局的判断——西班牙军队占领巴拉丁

虽然时间过得飞快，但英格兰一直未对巴拉丁提供实质性的帮助。夏季休会前，下议院发表了一份声明，宣称同情神圣罗马帝国的新教徒，一旦国王陛下通过谈判争取和平的计划失败，就将尽自己最大努力，"搭上生命和财产去帮助他①"。当时在场的人说："这是一份来自天堂的声明。对我们而言，这比拥有一支由万人组成远征军还要有意义。"大家一致鼓掌通过了这份声明。"振奋人心的是，声明得到了全体议员的一致认可。他们高喊着口号，手中挥舞着各自的帽子，表明他们一致同意的坚决态度。这种情况在英格兰议会中实属罕见。"

到神圣罗马帝国进行斡旋的任务交给了约翰·迪格比②勋爵，他是一位睿智的、经验丰富的外交家，曾为英格兰驻马德里大使。然而，约翰·迪格比赶到维也纳时，为时已晚。首先，腓特烈五世的盟友已经背信弃义，纷纷与神圣罗马帝国皇帝斐迪南二世讲和了。其次，腓特烈五世把防守上巴拉丁的任务交给了欧内斯特·冯·曼斯费尔德伯爵，而后者不过是一个靠掠夺为生的冒险家而已，根本没有供养军队的资金和物

---

① 指巴拉丁选帝侯腓特烈五世。——译者注
② 约翰·迪格比（1580—1653），英格兰政治家、外交家，第一代布里斯托尔伯爵。1610年到1624年，任英格兰驻西班牙大使。第一次英格兰内战时期，约翰·迪格比是一位温和派的王党人士。——译者注

资。斐迪南二世表示，腓特烈五世如果能放弃其政治主张，放弃对帝国军队的抵抗，并真诚地承认其所犯错误，就会得到原谅。腓特烈五世则宣称，如果他的领地和爵位还能保住，他愿意放弃波希米亚王国，并向斐迪南二世正式表示臣服。约翰·迪格比勋爵还没来得及调解彼此的矛盾，战争又爆发了。欧内斯特·冯·曼斯费尔德伯爵没能守住上巴拉丁，匆忙向下巴拉丁撤去。蒂利伯爵约翰·塞克拉斯率领神圣罗马帝国大军紧追不舍。詹姆斯一世得知这一消息后，紧急召集议会，希望议会同意出钱资助欧内斯特·冯·曼斯费尔德伯爵的军队过冬。

欧内斯特·冯·曼斯费尔德伯爵

蒂利伯爵约翰·塞克拉斯

虽然下议院同意给詹姆斯一世拨款，但其观点与詹姆斯一世存在着巨大的分歧。詹姆斯一世认为，他即便和神圣罗马帝国皇帝斐迪南二世的关系最终搞僵了，还是应该和西班牙保持良好的关系，因为他一直没有放弃与西班牙联姻的计划。而下议院则认为首先攻占巴拉丁城池的是西班牙军队，西班牙人才是巴拉丁主要的入侵者，如果能将西班牙人击败，所有危险自然会消失。正如下议院擅长演说的罗伯特·菲尔普斯爵士所言，西班牙是大车轮，神圣罗马帝国各诸侯国是小车轮。如果把大车轮停下来，小车轮就会跟着停下来。

詹姆斯一世无疑要比下议院更了解欧洲的政治局势。但正如经常遇到的情况那样，在某件事情上观点的不同反映出背景认识上的巨大差异。下议院认为，神圣罗马帝国皇帝斐迪南二世徒有虚名，真正支持天主教、干涉英格兰国教事务的是西班牙。西班牙人想通过将公主嫁给英格兰王储的方式涉足英格兰国内事务，在用武力攻占巴拉丁的同时，企图阴谋征服英格兰。

单从策略上看，詹姆斯一世宁愿选择和神圣罗马帝国作战而不愿与西班牙作战的思想也许是正确的。但从大局上看，下议院的判断才是正确的。欧洲大陆上爆发的战争实乃观念之争，即新教或天主教是否应该扩张并占领对方的领地。詹姆斯一世很聪明，他绝不允许这种情况在英格兰发生。然而，战斗已经在神圣罗马帝国打响了，他就必须表现出一种态度，要么不插手，要么支持新教。在天主教联盟和新教联盟都异常激动的情况下，西班牙是不会和英格兰联手保护新教的，更不会因此去反对自己的朋友。

有鉴于此，下议院一再敦促詹姆斯一世完全断绝与西班牙的关系。议员们认为，詹姆斯一世应该担任欧洲反西班牙的新教领袖，应该在国内对天主教徒动用刑法，应该让儿子娶一位信奉新教的公主。

詹姆斯一世没有听取下议院的建议，称下议院无权处理他没有向其征求意见的事务。下议院则抗议称有权处理任何其认为重要的事务。詹姆斯一世将下议院的抗议书撕了个粉碎，并就此解散了议会。

比较谨慎的做法也许是，下议院等到英格兰与西班牙发生争执时再敦促詹姆斯一世参战。不过，下议院还是担心到时候詹姆斯一世有可能指望不上。四年来，詹姆斯一世就没有做过一件正确的事情，他极有可能再次走向错误的道路。

詹姆斯一世并不认为巴拉丁已经沦陷。理查三世在位时的一项议会法案规定，国王不得以王室名义向臣民征税。但1614年，王室御用律师将这条规定解释为：国王虽然不能以王室名义向臣民强行征税，但如果臣民自愿缴纳这笔费用，则国王的收取行为并不违法。因此，当年詹

17世纪20年代的詹姆斯一世

姆斯一世就从民众那里得到了一笔资金。现在，他又如法炮制，为贺拉斯·维尔爵士的志愿军筹够了几个月的军费。他虽然再次使用了外交手段，但没有议会的支持，最终还是没能实现自己的目标。巴拉丁在被西班牙军队蚕食，守军军心涣散，要塞接连沦陷，而西班牙政府对詹姆斯一世的承诺一个也没有兑现。

第9章

威尔士亲王查理与白金汉公爵乔治·维利尔斯马德里之行

精彩看点

白金汉公爵乔治·维利尔斯的妙计——詹姆斯一世同意威尔士亲王查理与白金汉公爵乔治·维利尔斯前往马德里——西班牙国王腓力四世热情接待威尔士亲王查理——西班牙人对联姻的看法——神学家给腓力四世的建议——玛丽亚·安娜公主拒绝嫁给威尔士亲王查理——与西班牙联姻失败

大使们在忙着起草外交信函时,白金汉公爵乔治·维利尔斯认为,即便所有方法都失败了,他仍有一条获取成功的妙计。只要他带着威尔士亲王查理前往马德里向西班牙公主玛丽亚·安娜求婚,西班牙肯定会

西班牙公主玛丽亚·安娜

将巴拉丁作为结婚礼物送给威尔士亲王查理。威尔士亲王查理轻易就被白金汉公爵乔治·维利尔斯说服了。于是，两个年轻人将计划告诉了詹姆斯一世。

詹姆斯一世非常纠结。他担心再也见不到自己的儿子——"宝贝儿"查理（他对儿子的昵称）了。然而，他一生中从未对所爱的人说过"不"，现在也做不到。他怀着复杂的心情同意了威尔士亲王查理与白金汉公爵乔治·维利尔斯早就想好的计划。

威尔士亲王查理

威尔士亲王查理与白金汉公爵乔治·维利尔斯乔装打扮了一番后，悄悄上路了。在过格雷夫森德渡口时，威尔士亲王查理给了船夫一袋金币。船夫以为他们渡海去法兰西进行决斗，于是就报了官。追捕令随即下达。不过，威尔士亲王查理与白金汉公爵乔治·维利尔斯的坐骑是挑选出来的宝马良驹，很快便将追捕的人甩在了身后。到坎特伯雷后，他们被怀疑是杀人逃犯。白金汉公爵乔治·维利尔斯不得已露出了庐山真面目，并编造了一个路过此地的理由。此后，他们便畅行无阻了。在巴黎，威尔士亲王查理遇到了日后的妻子——十三岁的亨利埃塔·玛丽亚[①]

少女时期的亨利埃塔·玛丽亚

[①] 亨利埃塔·玛丽亚（1609—1669），法兰西国王亨利四世和他的第二任妻子玛丽·德·美第奇的幼女，十五岁时嫁给查理一世，成了英格兰、苏格兰和爱尔兰的王后。她也是查理二世和詹姆斯二世的母亲。——译者注

公主，但她似乎并未引起他的注意。抵达马德里后，威尔士亲王查理直奔英格兰驻西班牙大使约翰·迪格比勋爵的住处。约翰·迪格比曾任英格兰驻维也纳大使，最近刚被封为布里斯托尔伯爵。

虽然西班牙国王腓力四世热情地接待了威尔士亲王查理，但事实上他的内心极其矛盾。在不伤害天主教教会和神圣罗马帝国皇帝斐迪南二世情感的前提下，他并不反对将巴拉丁还给腓特烈五世。只要腓特烈五世同意将儿子们送往维也纳接受教育，能够接受他们长大后成为天主教徒的事实。这样一来，事情就能妥善解决。然而，将自己的妹妹玛丽亚·安娜嫁给英格兰王储遇到了困难。腓力四世认为，如果詹姆斯一世不让英格兰天主教徒有信仰自由，不像西班牙人期待的那样让所有英格

约翰·迪格比

西班牙国王腓力四世

兰人皈依天主教,那么联姻计划就不会有任何结果。现在,妹妹玛丽亚·安娜在他身边哭得非常伤心,发誓绝不嫁给异教徒。她的神父对她说:"想想吧,躺在你身边的伴侣,你孩子的父亲,却是个该下地狱的人。"这番话更坚定了她拒绝这门亲事的决心。

乍一看,克服这些困难似乎并不难。西班牙人认为,威尔士亲王查理如果不打算皈依天主教,是不会来马德里的。威尔士亲王查理平常少言寡语,这让西班牙人更加坚信这种看法。于是,他们组织了一场天主教布道会,向威尔士亲王查理展开了轮番轰炸。不过,威尔士亲王查理对此毫无兴趣,白金汉公爵乔治·维利尔斯甚至对神父表现得不敬。

教皇格里高利十五世

　　西班牙人如果未能改变威尔士亲王查理的信仰，就只好拒绝联姻计划，但他们又不想当"坏人"，于是想让教皇格里高利十五世担当这个角色。因为天主教徒与新教徒结婚需要征得教皇许可。他们知道教皇格里高利十五世对此极其反感，希望教皇格里高利十五世能拒绝英格兰的联姻计划。岂料教皇格里高利十五世对此十分谨慎。他觉得这桩婚姻要是毁在自己手里，那么威尔士亲王查理和其父詹姆斯一世就会打击、报复英格兰的天主教徒。如果这桩婚姻是西班牙国王腓力四世拒绝的，他们就只能将气撒在西班牙人的身上。于是，教皇格里高利十五世同意了这桩婚事，条件是西班牙国王腓力四世要保证让詹姆斯一世和威尔士亲王查理皈依天主教。

腓力四世该怎么办呢？他如何保证詹姆斯一世会履行这样的承诺呢？他让神学家帮自己出出主意。神学家的建议是，威尔士亲王查理和玛丽亚·安娜公主完婚后，可让他们在西班牙待上一年。一年后，再看英格兰的情况到底有没有发生真正的改变。腓力四世采纳了神学家的建议。

　　威尔士亲王查理顿时备感压力，一度愤怒地宣布要回英格兰，但他的行动已经受到了控制。他只好答应自己会为英格兰的天主教徒多谋福利，希望以此让西班牙国王腓力四世同意他将玛丽亚·安娜公主带走。然而，一切都是徒劳。他想私自讨好玛丽亚·安娜公主的计划也不幸夭折了。一天，玛丽亚·安娜公主正在花园散步，威尔士亲王查理突然翻墙而入。玛丽亚·安娜公主见到这位令她生厌的异教追求者突然出现在面前，立刻尖叫着跑开了。还有一次，威尔士亲王查理被召进宫见玛丽亚·安娜公主，有人专门交待他该说些什么客套话。可一见公主，他就忘掉了那些客套话，情不自禁地倾述自己对玛丽亚·安娜公主的仰慕之情。在场的其他人开始窃窃私语，西班牙王后法兰西的伊丽莎白也皱起了眉头。玛丽亚·安娜公主虽然非常恼火，但还是不失礼貌地结束了这次会面。事后玛丽亚·安娜公主说，她宁肯去死，也不会嫁给这样的人。

　　为了迎娶玛丽亚·安娜公主，英格兰做了许多让步。西班牙要求之过分连詹姆斯一世都始料未及。在谈到为玛丽亚·安娜公主修建教堂时，詹姆斯一世说："我们这是在为魔鬼造圣堂。"然而，他又不敢不这样做，毕竟儿子还被西班牙人控制着。他必须发誓遵守即将寄来的婚约，还必须让内阁也发誓遵守该婚约。婚约要求：玛丽亚·安娜公主的教堂向公众开放，所有英格兰人只要愿意均可进入；由玛丽亚·安娜公主负责自己孩子幼年的教育；天主教徒必须享有在自己家里做礼拜的自由。

　　这些现在听来再自然不过的要求在当时可不是随便就能实现的。人们之所以用宽容的态度接受某一宗教，是因为该宗教有强大的海陆军事力量做后盾。宗教态度的改变并不是自发形成的，而是为取悦海陆军队的主人而刻意为之。对英格兰来说，这样的婚约是一种赤裸裸的冒犯。英格兰王室一直都是排斥外国教会和外国势力的中心。谁敢保证詹姆斯一世的孙子以后不会与外国教会和外国势力站在一起？这不仅是神学之争的简单问题，而且是影响现在和未来整个国家生活模式的问题。毫不夸张地说，与西班牙的婚约会让英格兰的宗教改革事业倒退半个世纪。它再次唤起了新教的反抗运动，清教主义在英格兰再次抬头。詹姆斯一世在与西班牙走近的同时却拉大了与英格兰人民的距离。

　　身在马德里的威尔士亲王查理也答应了父亲答应过的一切，甚至做出了更多承诺，希望以这样的态度抱得美人归。然而，他的愿望不可能实现。西班牙的神学家们坚决不同意他带玛丽亚·安娜公主回英格兰，他们的决定就是最终的决定。在得知收复巴拉丁无望后，威尔士亲王查理气愤地离开了马德里。路上，陪同他的一个西班牙人问他用不用把马车窗打开。威尔士亲王查理讥讽道："未经马德里神学家的批准，我可不敢让你打开。"到桑坦德港时，一支英格兰舰队正在那里等着他们。上船后，威尔士亲王查理才感觉自己恢复了自由。在朴茨茅斯港登陆后，威尔士亲王查理发誓绝不会娶玛丽亚·安娜公主为妻。

第10章
詹姆斯一世解散议会

精彩看点

詹姆斯一世积极备战——詹姆斯一世打算与法兰西联姻——下议院反对与法兰西联姻——财政大臣米德尔塞克斯伯爵莱昂内尔·克兰菲尔德——法王路易十三提出与英格兰联姻的条件——英法签署了联姻条约——欧内斯特·冯·曼斯费尔德伯爵的军队在荷兰惨败——詹姆斯一世驾崩——新国王查理一世

白金汉公爵乔治·维利尔斯和威尔士亲王查理彻底被西班牙人激怒了。在这种情况下,詹姆斯一世再难与西班牙保持友好的关系了。不过,即便詹姆斯一世的儿子和宠臣不干涉朝政,他原来的计划也寸步难行。很明显,西班牙人是不会用武力帮他夺回巴拉丁的,而他自己如果也不动用武力,根本就不可能收复巴拉丁。詹姆斯一世犹豫不决,瞻前顾后,迟迟下不了决心,但只要他不想置女儿伊丽莎白公主及外孙的安危于不顾,除了积极备战,就别无选择。

1624年2月19日,詹姆斯一世召集议会开会。下议院已经对西班牙在过去多年的所作所为忍无可忍,议员们纷纷响应白金汉公爵乔治·维利尔斯对西班牙作战的主张。西班牙国王腓力四世不想让妹妹成为英格兰王后的事实激怒了议员们,这比神圣罗马帝国军队占领海德堡还令人难以接受。与西班牙联姻计划失败后,议员们已经对收复巴拉丁不抱多大希望了。他们虽然仍关心神圣罗马帝国新教徒的命运,但不再觉得自己的命运和他们的命运息息相关了。议员们不熟悉神圣罗马帝国目前的情况。因此,当詹姆斯一世希望下议院同意为战争拨款时,下议院认为国王又想借机乱花钱。不过,下议院同意将钱花在英格兰和爱尔兰的国防上,同意组建一支舰队，开往荷兰与西班牙军队作战。不过，在没有得到进一步消息的情况下，他们是不支持英格兰卷入神圣罗马帝国内战的。

詹姆斯一世知道只有和强国结盟才有望收复巴拉丁。他仍然想坚持与天主教国家联盟的计划。虽然儿子查理没能娶回西班牙国王腓力四世的妹妹玛丽亚·安娜，但迎娶法兰西国王路易十三的妹妹亨利埃塔·玛丽亚也是不错的选择。英法两国联手，发生在神圣罗马帝国的难题就能迎刃而解。

然而，下议院不同意詹姆斯一世的计划。议员们不希望以后的英格兰王后是罗马天主教信徒。他们担心这种联姻日后会纵容英格兰的天主

法兰西国王路易十三

教徒。詹姆斯一世和威尔士亲王查理发誓说,他们不会让这种事发生。詹姆斯一世得到了议会的第一笔资助,如需进一步资助,他得等到冬季会议召开时,而且得看表决的结果。不过,在向下议院提出更多要求之前,他还有时间先派大使前往欧洲各国寻求帮助。

与此同时,议会遇到了一件需要处理的事情。米德尔塞克斯伯爵莱昂内尔·克兰菲尔德是当时英格兰王室的财政大臣。他是一位极富责任心的公共财产守护者,兢兢业业地管理着国家的财政事务。不过,他反对与

米德尔塞克斯伯爵莱昂内尔·克兰菲尔德

西班牙开战，认为那样会耗费大量财力。因此，他竭力劝说詹姆斯一世要避免战争。这种举动遭到了白金汉公爵乔治·维利尔斯、威尔士亲王查理及下议院议员的嫉恨。他们很容易就抓住了攻击他的把柄。米德尔塞克斯伯爵莱昂内尔·克兰菲尔德在给詹姆斯一世提供财政便利的同时也没少中饱私囊。就他的贪腐问题，白金汉公爵乔治·维利尔斯和威尔士亲王查理唆使下议院弹劾他。不久，米德尔塞克斯伯爵莱昂内尔·克兰菲尔德就被免职，并受到重罚。老道的詹姆斯一世警告自己的宠臣和儿子不要如此打击朝廷重臣。他说："你们这样做会惹祸上身。"

　　法兰西人并不像英格兰政府想像的那样容易争取。虽然路易十三对西班牙国王腓力四世和神圣罗马帝国皇帝斐迪南二世充满了仇恨，谁提出和他们作战他都支持，但他是一位虔诚的天主教徒，英格兰只有在答应保证国内天主教徒利益的前提下，他才会考虑将自己的妹妹亨利埃塔·玛丽亚嫁给威尔士亲王查理。年轻好战的白金汉公爵乔治·维利尔斯认为，只要能得到法兰西的帮助，詹姆斯一世可以先答应路易十三的条件，即便违背民意也值得。白金汉公爵乔治·维利尔斯说服了威尔士亲王查理，威尔士亲王查理又说服了詹姆斯一世。1624年年底，英法签署了联姻条约。法兰西公主亨利埃塔·玛丽亚日后将成为英格兰王后。

　　白金汉公爵乔治·维利尔斯知道议会一定会谴责詹姆斯一世违背宗教承诺的行为。因此，他没敢让詹姆斯一世召集议会来为战争筹款。然而，他又不想放弃军事计划。英格兰已向各方应允提供资金。荷兰共和国需要资助，丹麦国王克里斯蒂安四世需要资助，远征西班牙的英格兰舰队需要资助，收复巴拉丁的英法远征军也需要资助。

　　英法远征军的统帅是欧内斯特·冯·曼斯费尔德伯爵。当英格兰人提议派欧内斯特·冯·曼斯费尔德伯爵前往神圣罗马帝国时，法兰西人没有同意。法兰西人希望这支军队能为法兰西服务，坚持要求欧内斯特·冯·曼斯费尔德伯爵率军前往荷兰，支持荷兰人反抗西班牙的统治。

丹麦国王克里斯蒂安四世

詹姆斯一世下令在英格兰为欧内斯特·冯·曼斯费尔德伯爵征募了一万两千名士兵。在多佛集合后,这支军队穿越海峡,进入了荷兰。詹姆斯一世只给这支军队凑了一点点启动资金。因为议会不同意继续拨款,所以他无法给军队提供后续资金保障。这支军队抵达荷兰后,虽然缺衣少食,但没钱购买。随着寒冬降临,疾病开始在军中蔓延。短短几周内,军队中病死的和即将病死的就多达九千人。

这也是白金汉公爵乔治·维利尔斯首次在没有国家支持的情况下发动的战争。尽管困难重重，但他还是一意孤行，脑子里新的作战计划层出不穷，不断升级。当然，战争开销也不断翻番。

　　1625年3月27日，詹姆斯一世驾崩。他生前虽然瞻前顾后、优柔寡断，但多数时候还是按照白金汉公爵乔治·维利尔斯的建议行事。而新国王查理一世对白金汉公爵乔治·维利尔斯更是言听计从。

第11章
查理一世首组议会

精彩看点

查理一世非常依赖白金汉公爵乔治·维利尔斯——在拨款方面查理一世与下议院的矛盾——温布尔登勋爵爱德华·塞西尔率舰队远征西班牙——温布尔登勋爵爱德华·塞西尔无功而还——白金汉公爵乔治·维利尔斯的设想失败

在许多事情上，查理一世的做法都与其父詹姆斯一世截然相反。他讲究排场，注重外在仪式感。在外交上，詹姆斯一世奉行机会主义原则，认为一切事情自有结局，无需主动干预，但查理一世不这么认为。他认定用某种方式去解决事情后，就不会再考虑其他解决办法。实际上，查理一世既无精力也无能力去井井有条地处理各种事务。他永远只活在自己的想法中，总希望别人能够理解他的想法，却不愿去理解别人的想法。然而，查理一世早年并不自信，因为他总担心别人会反对自己的意见，所以就养成了保持沉默的习惯。这也就解释了他会对白金汉公爵乔治·维利尔斯如此依赖的原因，而白金汉公爵乔治·维利尔斯的缺点则是思维和行动均过于活跃。他能洞悉查理一世的心思，并将查理一世模糊的想法迅速付诸实践。查理一世心心念念要为姐姐伊丽莎白公主夺回巴拉丁，但不知如何行动，而白金汉公爵乔治·维利尔斯早已为他想好了几套方案。查理一世对这位宠臣的依赖就像一个哑巴依赖懂手语的人为其传达心意一样。

只要新王后能安全进入英格兰，对英法联盟再有反对意见也于事无补了。查理一世急需一笔战争经费，于是便召集议会讨论拨款事宜。

查理一世

不过,他应该如何向议会张口呢?上届议会休会前已经明确表示,到冬季会议召开时再讨论同西班牙开战事宜,对英格兰天主教徒不再采取宽容态度。然而,现在议会发现,查理一世在未向其征求意见的情况下便发动了战争,并且战争已造成了巨大的灾难。查理一世对天主教徒的纵容尽管是秘密进行的,但还是有人发现了端倪,指控他违背了当初的诺言。另外，查理一世只说需要一笔战争经费，但没有提出明确的数目。于是，下议院在查理一世答应依法抵制天主教徒后，投票给他拨了十四万英镑。但事实上，如果没有一百万英镑，查理一世就很难实现自己的愿望。

下议院以这样的方式反对查理一世有点出人意料。下议院也许认为，既然英格兰政府已不受西班牙控制，那就没有必要再同其开战了。当然，出现这种结果也完全怨不得下议院。查理一世一开始就没有跟下议院讲清楚，为什么需要拨款，需要多少拨款。下议院知道，英格兰派出了一支远征军，但远征军遭到了重创，而查理一世并未就此事做过任何解释或交待。当查理一世最终说出拨款的真实用途后，下议院已不再相信他的话，拒绝再给他多拨一便士。

查理一世不明白下议院为什么会这样做。他再次召集上议院和下议院到牛津开会，让白金汉公爵乔治·维利尔斯向议员们详细解释了拨款的用途。下议院宣称，白金汉公爵乔治·维利尔斯不值得信任；如果拨款能够按照下议院的建议而非白金汉公爵乔治·维利尔斯的建议使用，下议院就同意拨款。

查理一世曾做过许多承诺，但无法一一兑现。他向法兰西国王路易十三承诺不会迫害天主教徒，但同时向议会承诺不会纵容天主教徒胡作非为。现在，他又表态会听从民意。然而，下议院不再上当了，明确告诉查理一世，与其把钱交给白金汉公爵乔治·维利尔斯，还不如直接将钱投进大海里。

查理一世知道，他一旦放弃白金汉公爵乔治·维利尔斯，就会完全受制于下议院。如果让下议院来决定王室大臣的人选，这些王室大臣就会为下议院所控制，而他们为了保住位置，也会迎合议会的意愿。这样一来，议会就掌管了英格兰的大权。查理一世当然不愿看到这种结果，于是干脆解散了议会。

查理一世希望获取一场大胜，这样就能以胜利者的姿态于数月后召集新一届议会。于是，他用筹到的全部钱款组建了一支载有陆军的舰队。温布尔登勋爵爱德华·塞西尔被任命为舰队指挥官，奉命前往攻占西班牙的一座城池，然后守在那里抢劫从美洲回来的西班牙运宝船。查理一世一生都错误地认为，只要拥有一支强大的军队，就可以为所欲为了。

然而，实际情况远非他想象的样子。舰队中大部分战船是由商船临时改建的，船员大多没受过军事训练，陆军士兵也是临时抓来的壮丁。除几名军官希望舰队能打胜仗外，其他人只想开战后怎样全身而退。温布尔登勋爵爱德华·塞西尔率军进入加的斯湾后，立刻下令向扼守港口的要塞发动进攻。不过，各战船指挥官的主要精力都用在躲避西班牙人投来的炮弹上。士兵们缺乏牺牲和奉献精神也就罢了，关键是军官们缺乏作战智慧。当要塞内的西班牙守军投降后，温布尔登勋爵爱德华·塞西尔居然没有进城，而是率舰队到城外数十英里的地方追击臆想中的西班牙人去了。炎炎夏日，一番长途奔袭后，士兵们早已饥饿难耐，但温布尔登勋爵爱德华·塞西尔偏偏忘了带食物。他只好让士兵们喝随船装运的葡萄酒充饥。结果，除几名军官外，士兵们都喝得烂醉如泥。这时，他们如果遇上一支西班牙部队，就只能任人宰割了。第二天，他们再返回加的斯湾后，发现西班牙守军早已加强了防范，再想攻下城池已无可能。于是，温布尔登勋爵爱德华·塞西尔只好率舰队出海去截西班牙的运宝船。然而，就在英格兰舰队离开港口两天后，西班牙运宝船悄悄驶入了加的斯湾。在葡萄牙海岸白白等了两天后，英格兰舰队载着饥肠辘辘的士兵狼狈地驶回了英格兰。查理一世以征服者的姿态出现在议会面前的希望破灭了。

温布尔登勋爵爱德华·塞西尔率军进入加的斯湾时，白金汉公爵乔治·维利尔斯正在荷兰游说，希望荷兰与丹麦能和英格兰共同反对西班牙及其盟友。他答应向丹麦国王克里斯蒂安四世每月提供三万英镑的

攻打加的斯要塞。坐在椅子上的人是温布尔登勋爵爱德华·塞西尔

战时经费，只要温布尔登勋爵爱德华·塞西尔凯旋，他就能轻易说服下议院拨付这笔经费。不过，温布尔登勋爵爱德华·塞西尔一无所获。于是，白金汉公爵乔治·维利尔斯将很难说服新一届议会同意按他的计划拨款了。

第12章

弹劾白金汉公爵乔治·维利尔斯及白金汉公爵乔治·维利尔斯率军远征罗伊岛

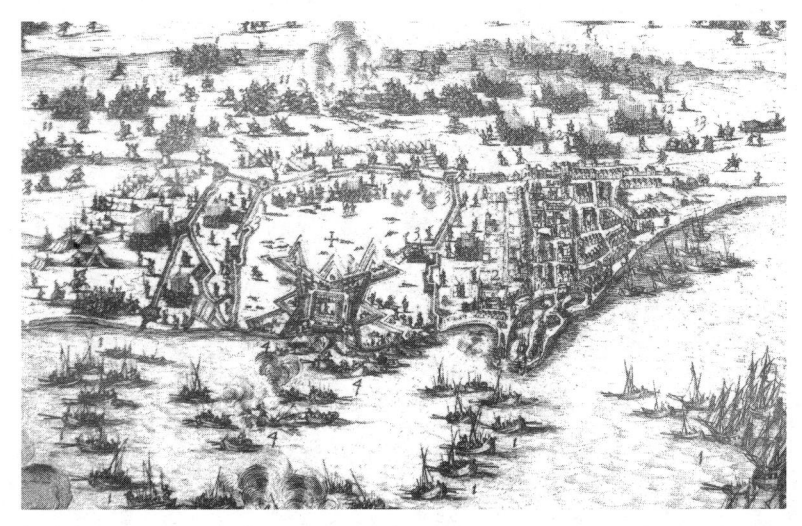

精彩看点

查理一世与路易十三的关系——约翰·艾略特爵士——弹劾白金汉公爵乔治·维利尔斯——查理一世号召臣民捐款——英法矛盾——英法战争——白金汉公爵乔治·维利尔斯率军出征——罗伊岛战役——白金汉公爵乔治·维利尔斯铩羽而归

查理一世与法王路易十三的关系非常微妙,这让他的处境非常危险。路易十三对查理一世背信弃义再次迫害英格兰天主教徒的做法非常不满,而查理一世自己也身不由己地卷入了法兰西内政。拉罗谢尔的新

拉罗谢尔

教徒曾一度反抗路易十三的统治，詹姆斯一世生前头脑发热，竟然派了一支英格兰舰队前往法兰西帮助路易十三镇压叛乱。1625年春，查理一世和白金汉公爵乔治·维利尔斯想将英格兰舰队撤回，但又不愿公开毁约，于是密令舰队指挥官假装哗变，这样就有理由不顾路易十三意愿将舰队撤回英格兰了。计划实施得非常成功。但不久有消息传来说，路易十三和反叛者和解了。查理一世盘算着，这下可以派舰队过去了，既巴结了路易十三，还不用真出力。结果，和解只是谣言，路易十三连句感谢的话都没有就接受了查理一世的美意。不明就里的英格兰人则指责查理一世居心叵测，竟然派舰队去镇压国外的新教徒。

查理一世还有不少做法让法兰西人不满。他曾指控法兰西船无权运载西班牙货物，并下令扣押了那些法兰西船，并将船上的货物卖了。为避免破坏与法兰西的盟约，查理一世还做了许多欠考虑的工作。他想方设法在路易十三与其反叛者之间斡旋，目的是在神圣罗马帝国战场上与法兰西合作。查理一世这样自相矛盾的做法迟早会让他与路易十三反目成仇。

查理一世召集起了新一届议会，但上届议会中的许多领导人并未到场。查理一世自作聪明地将他们安排到了各郡当郡长，这样一来他们自然就无法到威斯敏斯特任职了。然而，这次计划和向法兰西派舰队的计划一样以失败告终。议会选出了一位更有才干的领袖——约翰·艾略特[①]爵士。

约翰·艾略特爵士是英格兰当时最负盛名的演说家，但在上届议会中很少发表个人意见。作为白金汉公爵乔治·维利尔斯的门人，他一直不愿承认自己的主人是阻止英格兰发展的历史罪人。不过，一旦承认了，他就对白金汉公爵乔治·维利尔斯深恶痛绝。他深爱着英格兰，就

---

① 约翰·艾略特（1592—1632），英格兰政治家、演说家。约翰·艾略特因主张议会应该拥有更多权力而多次被查理一世下令关入伦敦塔，最后因身体虚弱死于狱中。——译者注

约翰·艾略特爵士

像伯里克利①深爱着雅典一样。他对下议院充满了信任，认为下议院是反映国家集体智慧的地方，国王需要经常咨询下议院，以获得治国理政的智慧。正因为有这种赤诚的爱国之心，约翰·艾略特爵士才会有无比高洁的信仰，才会憎恶所有卑鄙之事。在查理一世的红人白金汉公爵乔治·维利尔斯身上，约翰·艾略特爵士看到了贪婪、自私与叛国。

管理失策给英格兰带来了诸多灾难，而约翰·艾略特爵士发现造成灾难的罪魁祸首正是奸诈卑鄙的白金汉公爵乔治·维利尔斯。因此，他自然会提议对白金汉公爵乔治·维利尔斯进行彻查。不久，白金汉公爵乔治·维利尔斯便遭到了下议院的弹劾，有关他犯案的故事，无论真假

---

① 伯里克利（约前495—前429），古希腊著名政治家，奴隶制民主政治的杰出代表。伯里克利毕生致力于经营奴隶制民主政治，力图扩张雅典的势力范围，促进当时的雅典在经济、政治、军事和文化方面的繁荣，使雅典在历史上占据重要的地位。——译者注

都不胫而走。考虑到国家的前途与命运，上议院与下议院一致认为应该严惩大权独揽的白金汉公爵乔治·维利尔斯。

  查理一世对此恼羞成怒。一天，他听到约翰·艾略特爵士将白金汉公爵乔治·维利尔斯称为"塞扬努斯①"后说道："他要是塞扬努斯，那我还是提比略②呢！"下议院看到的是白金汉公爵乔治·维利尔斯性格中最糟糕的一面，而查理一世看到的是他最优秀的一面——坦率果敢、忠心耿耿。因此，为了力保白金汉公爵乔治·维利尔斯，查理一世果断地解散了议会。

  查理一世没有从下议院筹到战争经费，就寄希望各地臣民捐款。他向每个郡都做了动员，但几乎所有臣民都选择了装聋作哑。

  有人向查理一世建议说，虽然他不能强行向臣民收钱，但可以向他们借钱。丹麦国王克里斯蒂安四世在卢特吃败仗的主要原因就是查理一世承诺的军费没有到位。为了兑现承诺，查理一世只得强行让臣民借钱给自己。

  资金尚未筹到，其未来去向已不可能再是丹麦国王克里斯蒂安四世那里了。法兰西和英格兰之间的关系不断恶化。路易十三在杰出政治家黎塞留的建议下，与国内的新教臣民尽释前嫌，希望以此换来查理一世在神圣罗马帝国战争中的积极行动。查理一世无钱打仗，只好在团结盟友方面动脑筋，将自己标榜为法兰西新教徒的保护者。路易十三不敢轻易卷入神圣罗马帝国内战，担心查理一世借机鼓动法兰西国内的新教徒发动叛乱；他准备去围攻拉罗谢尔这个被新教势力控制的港城，因为它

---

① 塞扬努斯（前20—公元31），提比略统治时期的罗马帝国官员。公元14年到公元31年，塞扬努斯任罗马帝国近卫军司令，后因被人告发企图篡位，被提比略处死。——译者注

② 提比略（前42—公元37），罗马帝国第二位皇帝，公元14年到公元37年在位。提比略生性深沉严苛，不易亲近，执政时期并不受臣民欢迎与爱戴。执政后期，为维护自己的统治地位，提比略不惜采用残暴的手段对付政敌与亲族，在历史上留下了暴君的名声。但近代学者根据当年文献记载，认为提比略是一位颇有作为的皇帝。——译者注

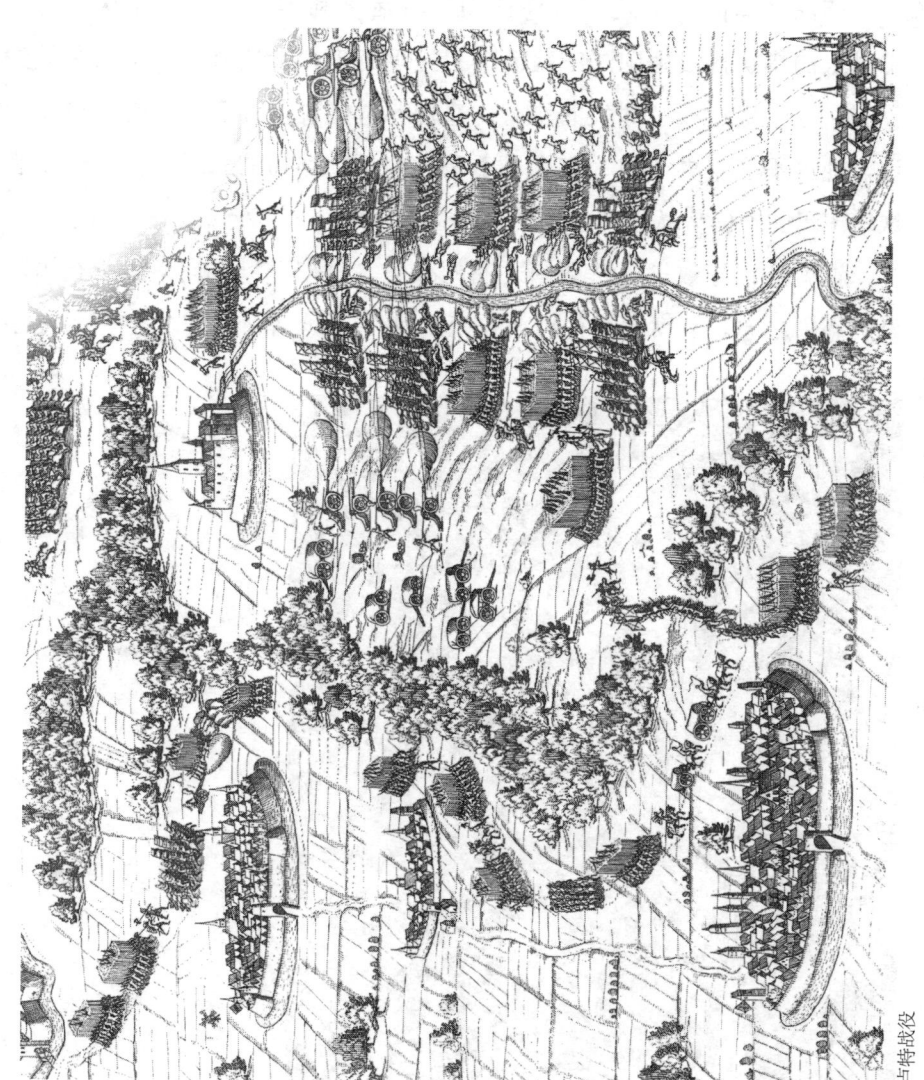

卢特战役

想要独立出去。此时,查理一世则认为自己应该支持拉罗谢尔的新教徒同路易十三斗争。

英法之间的矛盾还有其他诱因。王后亨利埃塔·玛丽亚从法兰西带过来的侍从挑唆她向法王路易十三控诉查理一世违背了支持天主教的誓言,也给她造成了莫大的伤害。查理一世则说,只要这些侍从待在身边,他就不能将妻子视为家人。于是,他不顾当初的承诺,把王后亨利埃塔·玛丽亚的侍从全部赶出了英格兰。

这就直接导致了英法两国之间的战争。查理一世欲向臣民强行借款以解燃眉之急。首席大法官拉努夫·克鲁①认为此举不合法,结果被免了

拉努夫·克鲁

---

① 拉努夫·克鲁(1558—1646),英格兰法官。1625年1月,拉努夫·克鲁被查理一世任命为英格兰首席大法官,1626年11月被罢免。——译者注

职。拒绝出钱的穷人被抓壮丁后派往国外服役，而拒不捐钱的富人则被投入了大牢。查理一世通过这一苛政搜刮了不少钱财。除少数士兵被派往神圣罗马帝国支援丹麦国王克里斯蒂安四世外，一支由上百艘船及众多士兵组成的庞大舰队将在白金汉公爵乔治·维利尔斯的率领下前去解拉罗谢尔之围。

1627年7月12日，与法兰西军队一番激战后，英格兰军队成功登陆罗伊岛。如果白金汉公爵乔治·维利尔斯能拿下该岛，形势对拉罗谢尔的防御战将十分有利。1627年7月17日，白金汉公爵乔治·维利尔斯下令围

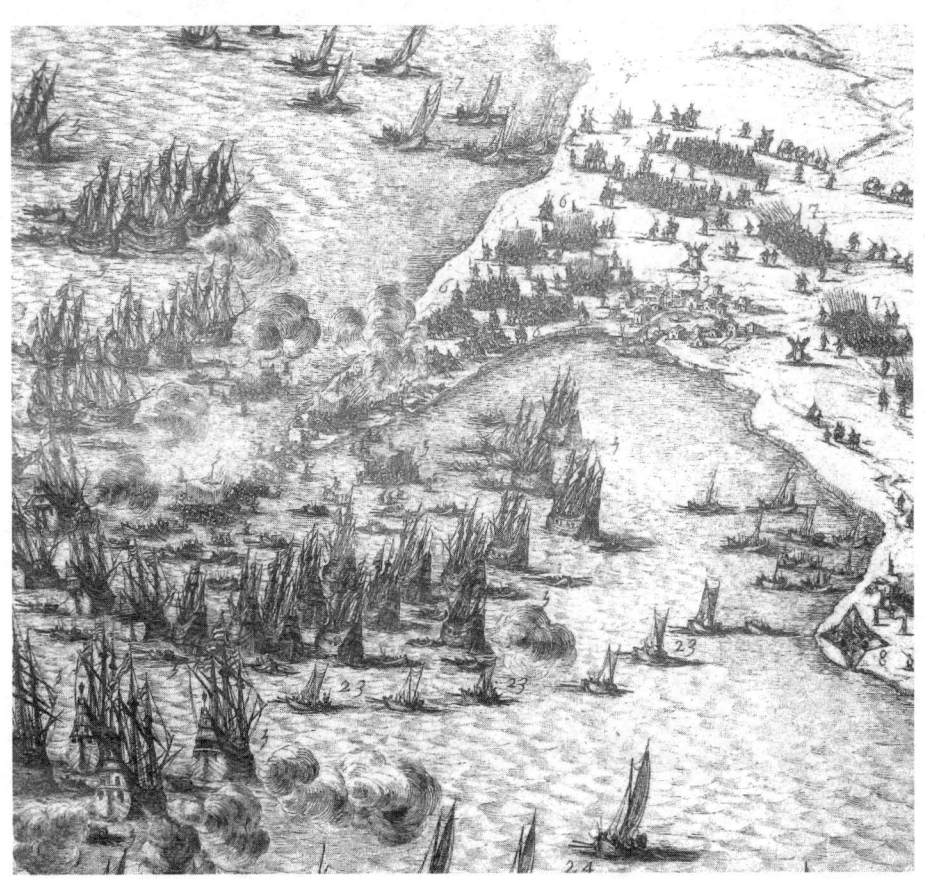

英格兰军队登陆罗伊岛

英格兰军队包围圣马丁要塞

英格兰军队进攻圣马丁要塞

攻该岛的圣马丁要塞。因为圣马丁要塞地势险要，英军的作战计划由围攻变成了封锁。1627年9月27日，圣马丁要塞内的补给只能维持三天了，守军做好了投降的心理准备。但当天晚上，三十五艘法军小船凭借风势突破了英军的封锁，为守军送来了两个月的补给。

　　受疾病影响，英军不断减员。不过，如果白金汉公爵乔治·维利尔斯能及时得到增援，那么战争会顺利进行下去。查理一世在国内不断给大臣们施加压力，但财力和兵力仍旧捉襟见肘。白金汉公爵乔治·维利尔斯升迁过快，并且得到查理一世太多恩宠，这一切让朝廷的高官对他极其不满。除了卑躬屈膝之辈，官员们都已经不再信任他了。没有等到增援，白金汉公爵乔治·维利尔斯只好接受了失败的命运。法兰西的援军首先抵达罗伊岛，白金汉公爵乔治·维利尔斯再次攻打圣马丁要塞无果后，只得率领英军撤退。作战策略和临场指挥上的接连失误让英军损失惨重。就在英军找船撤离时，法军突然杀了过来。六千八百名英军士兵中只有不到三千名士兵在经历饥饿和伤病的折磨后狼狈地返回了英格兰。

第13章

《权利请愿书》及白金汉公爵乔治·维利尔斯遇刺身亡

精彩看点

英格兰人对白金汉公爵乔治·维利尔斯极其不满——约翰·艾略特爵士与托马斯·温特沃斯爵士政见相左——约翰·艾略特爵士与托马斯·温特沃斯爵士的共同敌人——《权利请愿书》——登比伯爵威廉·菲尔丁无功而返——白金汉公爵乔治·维利尔斯遇刺身亡

罗伊岛围攻战失利后，英格兰人对白金汉公爵乔治·维利尔斯的不满达到了顶峰。当时的一封信中有这样一句表述："英格兰还从未受过如此羞辱。"英军失利的所有罪名都扣到了白金汉公爵乔治·维利尔斯的头上。

因拒绝借钱给政府而遭受牢狱之灾的五名犯人向法官申请了人身保护权，希望能就查理一世指控他们有罪一事在法庭上得到公正判决。不过，查理一世最终也未能说出他们具体犯有何罪。法官们认为，在一定范围内，国王有权决定犯人是否需要接受法庭的审判。

白金汉公爵乔治·维利尔斯和查理一世都没想过停战。白金汉公爵乔治·维利尔斯的姐夫登比伯爵威廉·菲尔丁[①]已经组建了一支舰队，准备给被法兰西军队围困的拉罗谢尔运送物资。查理一世召集议会开会，希望议会同意为这次行动拨款。

议会辩论中组织发言的领袖是托马斯·温特沃斯[②]爵士。托马斯·温特沃斯出生于约克郡的一个富裕家族，对自己拥有非凡的演讲家和政治

[①] 威廉·菲尔丁（1587—1643），英格兰海军军官。威廉·菲尔丁是查理一世的重要大臣，为保护查理一世的安危曾多次出生入死，1622年被封为登比伯爵。——译者注

[②] 托马斯·温特沃斯（1593—1641），英格兰政治家。他是英格兰内战时期的著名人物之一，是查理一世的政策顾问和支持者，主张削弱议会权力，加强王权。——译者注

家天分非常自信。他与约翰·艾略特爵士的政见在很多方面相左。他根本就不相信下议院的能力,认为如此鱼龙混杂的庞大机构是无法管理好英格兰这个伟大王国的。他坚信,英格兰如果想繁荣富强,就必须进行重大改革,必须施以开明的管理;而实现这样的目标,就需要依靠少数关键精英分子。但离开大多数人的支持,少数精英分子根本无法实现愿望,虽然他们在短期内可能会获得某种成功,但整个国家要焕发出生命活力需要有长期稳定的社会秩序做保障。托马斯·温特沃斯爵士恰恰忘记了这一点。

托马斯·温特沃斯爵士

简而言之，我们可以把约翰·艾略特爵士和托马斯·温特沃斯爵士比作人体的两大主要器官：心脏和大脑。如果约翰·艾略特爵士是心脏，那么托马斯·温特沃斯爵士就是大脑。约翰·艾略特爵士认为，没有经过民众代表同意的管理工作是无法开展的，而托马斯·温特沃斯爵士则认为，只有拥有高于下议院普通议员能力的人才有资格去管理国家。两人的观点从各自的角度看均不无道理。

尽管他们的政见相左，但在即将到来的政治斗争中，他们面对的是同一个敌人，至少在短期内还是可以合作的。无论精英分子还是普通民众都早已对白金汉公爵乔治·维利尔斯的统治深恶痛绝。这时，约翰·艾略特爵士和托马斯·温特沃斯爵士可以联手将其除掉。

经过一番讨论，议会向国王查理一世呈递了一份《权利请愿书》[①]，要求查理一世必须承认之前曾侵犯民众部分权利的事实，并保证日后不会再犯。对其中的一些要求，查理一世没有拒绝。他承诺，以后不会再强行借钱，不会再强迫民众供养士兵，也不会再授予军官在和平时期执行戒严令的权力。但在不得随意抓捕民众这条要求上，查理一世并未做出承诺。事实上，如果查理一世做出如此妥协，将是一件意义非凡的事情。因为过去无论法律怎样规定，国王早已习惯了随心所欲地抓人，有时甚至未经法庭审判就可将抓来之人投入大牢。如果国王能给出抓捕理由，法官就可以应囚犯的要求择日开庭审理案件，以判定国王的指控是否正确。这样一来，违反国家法律与否将由司法部门来定，而不再由国王说了算。

对此，查理一世一直耿耿于怀，不能接受，但他需要资金！登比伯

[①] 《权利请愿书》是英格兰内战前一份重要的政治法律文件。1628年，英格兰议会向查理一世提出十一条要求，其中主要内容为：未经议会同意不得向人民募债或征税；未依法庭判决，不得随意逮捕任何人或剥夺其财产；不得依据戒严令随意逮捕公民；不得强占民房驻兵等。——译者注

登比伯爵威廉·菲尔丁

爵威廉·菲尔丁无功而返,没有完成为拉罗谢尔输送补给的任务。查理一世需要派出一支更强大的舰队。然而,他如果不接受《权利请愿书》中的条件,就得不到下议院的拨款。查理一世不愿接受所有条件,下议院也坚决不让步。1628年6月7日,《权利请愿书》正式成为英格兰法律。

《权利请愿书》是一部限制王权的法案,遏制了从都铎王朝到斯图亚特王朝王权不断扩张的势头,具有重要的历史意义,但这仅仅是巨大变化的开始。虽然《权利请愿书》中规定囚犯有权提出当庭接受法官审判的要求,但没有提供保证公正审判的具体措施。一般情况下,不涉及死罪的案件会由王室的星室法庭或高等宗教事务法庭审理,而这两个法庭均由国王直接掌管，可以不受陪审团影响而进行审判。就连普通的法官在很大程度上也会受制于国王，因为他们是由国王任命的，有可能随时被罢免。因此，这些法官通常都会迎合国王的意愿，多数时候会认同上述两个法庭的判决结果。直到1628年光荣革命①后，法官们才真正摆脱了王室的控制，广大人民也才真正感受到了《权利请愿书》带来的变化。

然而，下议院不满足于这方面的变化，而是希望在教会组织和国家机构方面能有更大的改变，最要紧的是先把白金汉公爵乔治·维利尔斯赶走。不过，查理一世拿到需要的资金后，就不再听取议会两院的声音了，而是直接下令休会。查理一世让白金汉公爵乔治·维利尔斯再次率舰队前往拉罗谢尔。如果这次白金汉公爵乔治·维利尔斯能圆满完成任务，下议院也许在下次开会时就不会对他有那么大的成见了。

1628年8月，白金汉公爵乔治·维利尔斯抵达朴茨茅斯港，命令士兵装好船后，准备出发。他深知自己的所作所为已引起不少人的不满与

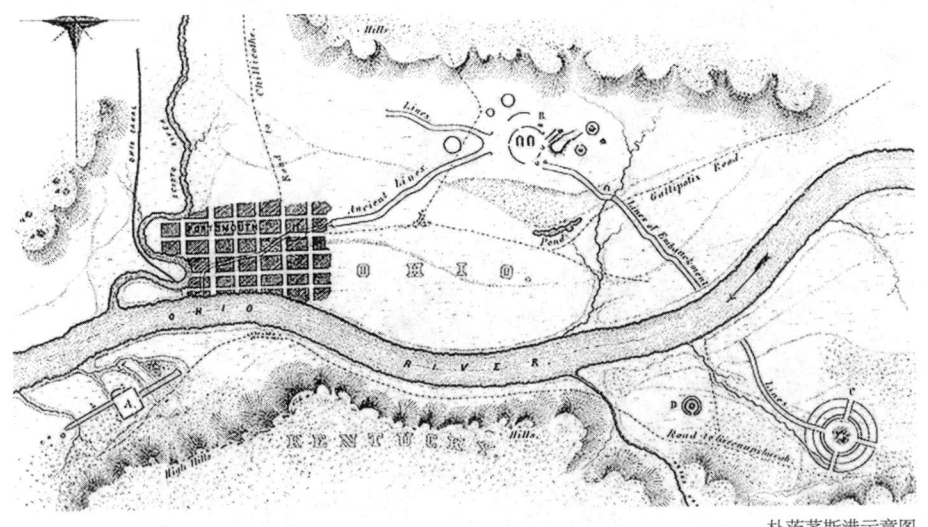

朴茨茅斯港示意图

---

① 1688年，英格兰的资产阶级和新贵族发动了一场推翻詹姆斯二世、防止天主教复辟的非暴力政变。这场政变因没有发生流血事件，被史学家称为"光荣革命"。——译者注

仇恨，但没料到会有人刺杀自己。一位朋友劝他穿上防护铠甲，他却说道："若我犯了众怒，穿上铠甲又有何用？若是个人攻击，我自能应付。事情没有你们想象得那么严重。"然而，他一点儿也不知道一名极端狂热分子已经悄悄地盯上了他。约翰·费尔顿①曾是围攻罗伊岛远征军中的一名军官。远征军回国后，约翰·费尔顿不仅没有得到提拔，还和大多数士兵一样没拿到一分钱的报酬。就在穷困潦倒之际，他听到了下议院的一些传言，随即便认为白金汉公爵乔治·维利尔斯就是造成自己不幸的罪魁祸首，是英格兰的公敌。他在被捕后交待说，他买了一把刀，准备为自己、国家和上帝报仇。

被捕后的约翰·费尔顿

① 约翰·费尔顿（1595—1628），英格兰军官，上尉军衔。——译者注

白金汉公爵乔治·维利尔斯遇刺

  1628年8月23日早晨,约翰·费尔顿守在白金汉公爵乔治·维利尔斯就餐的房门口。白金汉公爵乔治·维利尔斯刚走出门口,约翰·费尔顿便将刀子狠狠地插入了他的胸膛,高喊道:"愿上帝能宽恕你的灵魂!"这位英格兰当时的实际统治者应声倒地。白金汉公爵乔治·维利尔斯的妻子凯瑟琳·麦纳斯听到声音,穿着睡衣慌忙跑到了阳台上。目睹这恐怖的一幕,她发出了阵阵痛苦的尖叫声。

约翰·费尔顿随即被捕，经法庭审讯后被判处死刑。舰队换了指挥官，并按原定计划起航。然而，将士们都没有必胜的信心，早已厌倦了这场草率发动、指挥不力的战争。最后，拉罗谢尔向法兰西政府投降了。查理一世只能独吞失败带来的苦果，忍受人们的各种指责。

第14章

税收政策和宗教政策

精彩看点

查理一世和下议院之间的矛盾激化——伦敦商人拒绝支付关税——清教徒抵制《祈祷书》——下议院审判理查德·蒙塔古——罗杰·曼沃林——查理一世的声明

查理一世和下议院之间的矛盾日益激化，即使曾经的绊脚石白金汉公爵乔治·维利尔斯已死，双方也无法彼此谅解，很难再建立良好的关系。议会在上次会议的最后辩论阶段谈到了一个极其敏感的话题。一直以来，每当英格兰有新国王登基时，下议院都会按惯例赋予新国王在位期间征收吨税和磅税的权利。但1628年6月，议会在快要休会时还未就查理一世征收吨税和磅税的问题进行投票表决。出现这种情况的原因是查理一世不愿听从下议院的建议去解决强行征税带来的问题，下议院只好用这种方式来反制他。直到休会前的最后一刻，下议院才向查理一世递上了一份谏言，宣称根据《权利请愿书》的内容，国王陛下在未经议会同意的情况下征收吨税和磅税的行为是非法的。然而，仅凭《权利请愿书》上的条文就想彻底解决问题是不大可能的。查理一世让法庭来判定历代国王传下来的强制征税行为是否合法，而法庭给出的判决是：国王有权按自己的意愿征收任何一种关税。

议会休会后，一些伦敦商人拒绝为进出口的商品支付关税。结果，这些商品就被扣押了。财政法庭认为，国王陛下强行征税的行为是否合法需要一段时间来讨论，但在讨论结果出来之前，扣押的商品仍须存放在国库里。当然，英格兰政府并不急于看到讨论的结果。不过，查理一世还是决定暂时先不强行征收关税，希望通过此举让下议院放下对他的成见，也希望在下一届会议上他和议会能达成谅解。

先不说这件事在法律建设方面有多大意义，吨税和磅税的收取是涉及英格兰主权的大事。没有这笔收入，查理一世就无法治理国家，而他这次如果同意了下议院的主张，日后下议院还会向他提出各种要求。如此一来，下议院将会获得至高无上的权力，而王室则不得不放弃承袭自都铎王朝的所有特权。

一般情况下，人们是不会争夺权力的，除非他们想要实现某种特定目的。因此，如果下议院没有重要目标想实现，议员们是很难统一意见向王室发难的。但不幸的是，下议院和王室之间产生裂痕还有其他方面的原因，该原因极有可能像全民反对白金汉公爵乔治·维利尔斯那样极大地恶化双方的关系。从前，有詹姆斯一世想与西班牙结盟；现在，有查理一世想与法兰西结盟。前后两任国王的倾向让英格兰的新教徒感到莫名的恐慌，他们自然会发出反对之声，并通过下议院向查理一世施加压力。极端的清教徒完全抵制《国教祈祷书》①的内容，主张彻底改变英格兰现有的教会制度。不过，这种极端的清教徒数量极少。但信仰加尔文教的英格兰新教徒数量众多，他们从小就接受了加尔文教的教义，认为任何信徒只要有偏离加尔文教教义的行为，就是向教皇与教廷投降。随着岁月的流逝，加尔文教信徒一天比一天担心教皇与教廷有朝一日会主导他们的生活。宗教改革运动爆发后，欧洲大陆的天主教势力反而一路高歌猛进，取得了绝对的优势。1622年，西班牙军队攻占了新教控制的巴拉丁。1626年，丹麦军队在卢特被击败后，除两三个港口城市外，

---

① 英王亨利八世原本信奉罗马天主教。1534年，他因个人婚姻问题而与教皇保罗三世决裂，宣布英格兰教会脱离罗马教廷，成立英格兰国教。爱德华六世统治时期的1549年，英格兰国教出版了第一部用英文撰写的《国教祈祷书》，也称"公祷书"。——译者注

拉罗谢尔城投降

神圣罗马帝国北方地区均落入了天主教诸侯和将官之手。在法兰西，港城拉罗谢尔已向黎塞留投降，但人们很难相信一贯耍政治手腕的红衣主教黎塞留能真正保证拉罗谢尔人的宗教信仰自由。

虽然绝大多数有思想的英格兰人对迫害和打击新教事业的行为表示了极大的愤慨，但英格兰神职人员队伍中也有一小部分人并不关心神圣罗马帝国皇帝斐迪南二世和教皇乌尔班八世犯下的暴行，而是将注意力集中到英格兰国内加尔文教信徒的暴行上，而且这种神职人员的数量还在逐渐增多。他们大肆抨击英格兰现行的神学制度。1625年，一个叫理查德·蒙塔古的人因写了一本批判现行英格兰国教教义的书而遭到下议院的传唤。1626年，下议院对理查德·蒙塔古进行了审判，给他定了个扰乱教会和国家统一的罪名。信念统一是国家统一的基石，下议院决不允许与上一代普遍接受的思想有出入的观点在英格兰传播。

下议院对信念统一的追求绝不仅仅停留在宗教信仰上。理查德·蒙塔古及其支持者后来投入了查理一世的怀抱，大力鼓吹国民有借款给国家的义务。1627年，一个叫罗杰·曼沃林的神职人员在布道时称，议会的存在对英格兰来说毫无意义。遭受议会百般刁难的查理一世对困难时期支持自己的上述二人进行了封赏。1628年，议会刚一休会，查理一世就给理查德·蒙塔古安排了一个主教职位，给罗杰·曼沃林提供了衣食无忧的生活。令民众极其反感的人因受到国王青睐而获得了很高的地位，并在教会管理和政府管理中指手画脚，凭借手中的权力肆意践踏国教教义，对虔诚的普通民众而言，这简直就是莫大的讽刺。

1628年年底，在征得所有主教的同意后，查理一世颁布了一项声明，希望通过该声明与下议院和解。查理一世的这项声明今天仍然写在我们做礼拜时所用《国民祈祷书》的前言里，是反映当时宗教政策的关键性资料。查理一世声称，他的职责是避免产生不必要的误解，从而避免教会和国家内部形成不同的派别。因此，他指出，声明中的文字表达

教皇乌尔班八世

的均为字面意义，任何人都不得按自己的理解去解释。简而言之，人们在理解上有出入时应该保持沉默。毫无疑问，这种解决办法要比直接拒绝下议院主张的言论自由更好，因为这样就可以免去对持不同意见者进行惩处的麻烦。然而，这种解决办法注定是片面的。对加尔文教信徒而言，宿命论是其信仰中不可分割的部分，他们不可能用沉默将其埋葬而只留其他部分。不过，查理一世认为宿命论无人能够理解，因此不宜在布道坛上讨论。

第15章
查理一世与下议院决裂

精彩看点

王室扣押罗尔议员的货物——下议院的宗教立场——约翰·皮姆反对约翰·艾略特爵士的做法——新的休会令——钱伯斯被送上了星室法庭——"议会至上"的概念——约翰·艾略特爵士在狱中含冤而死

下议院再次召开会议时，吨税和磅税仍是讨论的首要议题。不过，下议院没有再坚持用《权利请愿书》去限制查理一世的权力。查理一世也没有坚持根据法庭的判决结果强行征税，只要求下议院投票赋予他征收关税的权力，根本不考虑这种要求是否合法。

下议院本就不想受查理一世摆布，而一个案例更加深了其与查理一世的隔阂。下议院有一个叫罗尔的商人议员，他的货物也被王室扣押了。下议院认为，不管海关官员怎么处理其他商人的货物，都无权扣押下议院议员的财物。然而，在这件事尚未圆满解决之时，宗教矛盾又凸显了出来。

下议院激动的情绪终于爆发了。新的宗教思想不断产生，宗教仪式的花样不断翻新，这让大多数议员一时之间难以接受。让他们放弃长期信奉的宿命论思想已经强人所难了，教会还迫使他们参加教堂圣坛礼拜活动。达勒姆大教堂的礼拜仪式已经发生了较大改变，与我们如今在所有大教堂看到的情形非常相似。教堂的礼拜仪式中加入了以前没有出现过的唱诗部分，以前置于北门口的圣餐桌也被固定到了圣坛的最东端。这样一来，如果有需要，唱诗班就能围在圣餐桌四周唱圣歌了。

下议院议员首先表达了他们在宗教信仰上的立场，称他们对《圣

达勒姆大教堂

经》教义的理解才是正确的，而其他各种解释都是错误的。他们无法容忍王室不顾民意而让少数几个神职人员决定全体国民信仰的做法。他们开始重点讨论改变宗教仪式的问题，传唤了那些鼓吹宗教仪式改革的人。

被传唤者到达伦敦尚需时日，于是下议院的议题重新回到了吨税和磅税上。宗教压迫已经让议员们义愤填膺了，他们认为，再赋予国王征收吨税和磅税的权力就如同将英格兰国教交给教皇统治一样不能接受。因此，他们无论如何都不肯答应查理一世提出的要求。不过，查理一世握有法庭对他有利的判决结果。出于政治目的考虑，虽然下议院可以暂时搁置与法庭在宗教观上的冲突，与法庭联手制约国王，但这种行为会违反英格兰宪制的权力制衡原则。最终，下议院认为最好还是先抨击海关官员的特权。于是，下议院传唤了扣押罗尔货物的海关官员，让他们为自己的粗暴行为做出解释。

约翰·艾略特爵士领导的下议院这次做得有点儿离谱。先不管下议院使用什么样的政治策略，要求享有特权本身就很过分。罗尔的货物是在议会休会期间被扣押的，因此下议院未能及时取消罗尔的议员资格。如果海关对罗尔给予特殊照顾，那么英格兰人就会认为身为下议院议员的商人就可以免交关税。这对按规定缴纳关税的普通商人来说是极不公平的。在下议院，约翰·皮姆①是最具爱国情怀的议员，连约翰·艾略特爵士也逊他一等。在反对教会现行政策过程中，约翰·皮姆与其他同仁一起努力，历经多次讨论，终于向国王递交了《权利请愿书》。然而，这次他明确反对约翰·艾略特爵士的做法。他说："与国民自由相比，下议院的自由是次要的。仅为议员们争取特权是极度自私的行为，我们要为所有英格兰

约翰·皮姆

---

① 约翰·皮姆（1584—1643），英格兰政治家，议会领袖，因反对詹姆斯一世和查理一世的专制统治而知名。——译者注

人争取权利。"换言之，约翰·皮姆建议大家要直面眼前的困难，并为所有民众争取免交关税而奋斗，直到议会最终通过这样的决议为止。

约翰·皮姆建议下议院应该代表广大民众的利益同王室做不懈斗争，但下议院选择了约翰·艾略特爵士的路线。查理一世令海关官员不必理会下议院的传唤。海关官员当然听从了他的安排，也得到了他的保护。查理一世下令议会休会至1629年3月2日，其间尝试与议会主要领导人私下谈判，希望能找到解决困难的办法。

不过，所有谈判均无果而终。下议院在预定开会的日子接到了新的休会令。有议员觉得查理一世有可能会马上解散议会，于是决定尽快通过一份告英格兰全民书。就在议长约翰·芬奇准备离席时，两名议员迅

约翰·芬奇

速走向前去，将他摁回到了椅子上。约翰·艾略特爵士站起来，号召议员们表决通过他与朋友们一道起草的议案。就在一片骚乱之中，议员们展开了所谓的辩论。他们一会儿认为不应该限制议长的自由，一会儿认为就应该限制议长的自由。一名议员将会场的大门锁上，然后将钥匙装进了自己的口袋。最后，喧闹的会场终于安静了下来。约翰·艾略特爵士提议对议案进行表决。然而，议长约翰·芬奇和书记员都不愿阅读议案内容。眼看查理一世带着卫队就要赶过来了，丹泽尔·霍利斯只得从口袋中掏出一份决议，在众人的鼓励声中念起了决议内容。

丹泽尔·霍利斯

决议内容简单明了，所有议员都能理解。决议指出，有如下行为之人将被视为英格兰的公敌和自由的叛徒：第一，坚持宗教革新或引入有别于真正正统教会思想观点的人；第二，主张不经议会批准就可强行征收吨税和磅税的人；第三，主动积极缴纳吨税和磅税的人。

在一片"同意！赞成！"之声中，大门被撞开了，议员们被赶出了会场。此后十一年，英格兰再没有召开过一次议会会议。

那些反对王权、让查理一世希望落空的议会领导人都成了他打击报复的对象。《权利请愿书》尚需进一步修订才能发挥真正制约专制王权的作用。一个叫钱伯斯的商人不仅拒绝支付吨税和磅税，还说了一番蔑视枢密院的话，结果被送上了星室法庭，最终被判处两千英镑罚款和多年监禁。约翰·艾略特爵士及其支持者也被投入了大牢，还要接受王室法庭的审判。查理一世对关押他们的原因做了说明，这也符合《权利请愿书》中所列条款的要求。不过，《权利请愿书》没有说明在什么情况下在押囚犯可以获得保释。于是，查理一世用威逼加劝诱的方法让王室法庭大幅提高了申请保释的条件，在押的囚犯当然不愿接受这样的条件。经王室法庭审判后，约翰·艾略特爵士等人被指控为暴乱发动者和叛乱煽动者。约翰·艾略特爵士依据《权利请愿书》的原则，指出任何法庭都无权干涉英格兰议会的活动。王室法庭的法官承认，正常的议会程序他们确实无权干涉。不过，他们指出，约翰·艾略特爵士等人是被指控犯有发动暴乱和煽动叛乱的罪行，这些行为并不属于正常议会程序。但即便如此，约翰·艾略特爵士等人仍然拒绝认罪，王室法庭只得对他们采取了强制罚款和监禁的处罚。

曾与约翰·艾略特爵士并肩作战的斗士们一个个向王室屈服了，并因此重新获得了自由。只有约翰·艾略特爵士一个人英勇不屈地与王室抗争。无论受到多大折磨，他既不肯说一句屈服的话，也不承认世上有可以超越议会去操纵议员言行的绝对权力。他坚持认为，这个世界上

詹姆斯一世与查理一世统治时期的王室徽章

应该有一个王权无法触及的地方。他主张议会应独立于王室的思想意义深远。议会一旦不再受制于国王，很快就会反过来约束国王的行为。不久，英格兰国内就真的发生了这种事。约翰·艾略特爵士是那个时代第一位主张应由议会主导立宪工作的政治家。虽然议会立宪思想在都铎王朝时期并未付诸实施，但相关思想在很早之前就已得到了人们的认可。当然，15世纪的"议会至上"概念与17世纪人们主张的"议会至上"概念还是有一定区别的。中世纪英格兰的议会是上议院领导下议院的模式。约翰·艾略特爵士想将英格兰议会改革为下议院领导上议院的模式。查理一世统治时期的上议院徒有虚名，并无发言权，自都铎王朝以来其权力就一直受限，而到了斯图亚特王朝时期，上议院更是遭到了诸多打压，而下议院慢慢变成了代表英格兰国家尊严和意志的主要机构。

约翰·艾略特爵士最终成了推行"议会至上"思想的殉道者。他被关进了伦敦塔。没有新鲜空气，无法锻炼身体，他的健康每况愈下，脸颊开始塌陷，骨瘦如柴，牢狱生活正在慢慢侵蚀他的生命。无情的狱卒对这一切视而不见。1632年12月，经历三年半的监禁生活后，约翰·艾略特爵士这位伟大的爱国政治家在狱中含冤而死。出于报复，查理一世拒绝了其后代将其安葬在家乡康沃尔的请求，只是冷酷地说："就把约翰·艾略特爵士的遗体埋葬在他去世的地方吧。"

第16章

无议会政府

精彩看点

下议院想剥夺国王和法庭的权力——查理一世对议会和舆论深恶痛绝——"民意至上"的思想——查理一世用强大的王权去对付下议院——理查德·韦斯顿、威廉·劳德和托马斯·温特沃斯爵士如果有人问查理一世是否有意践踏法律和宪政制度，他一定会说，他从来就没敢这样去想，并且事实上他在尽力维护法律的尊严。自都铎王朝以来，无论从理论方面还是从实践方面，英格兰的议会都只不过是国王的一个大型顾问团。国王才是政府的中枢，拥有号令天下的权力，其他机构都须围绕国王运转。现在，下议院的奋斗目标就是要取代国王的位置。下议院想通过掐断王室经济来源的方式迫使查理一世按照下议院的意志去管理国家；发现政府大臣有其认为的违法行为时，下议院还想取代查理一世惩处这些违法之人。因此，下议院想夺去的不只是国王的权力，还有法庭的权力。下议院之所以要这样做，是因为担心目前在英格兰深入人心的自由思想会被王室铲除。如果下议院成功了，以后诸如新闻出版或设坛布道之事就不由国王而由下议院说了算。

因此，解散这样的议会查理一世自有道理。这届议会已经完成了递交《权利请愿书》的使命，查理一世如果有妙招能将英格兰人团结在他的周围，那么只须等待下一届议会表决通过其提议即可。但事实上，他根本就想不出什么妙招来。他不懂对手的观点可能蕴含着真理这一道理，也不知道自己的政策有可能会导致重大错误。更糟糕的是，即便他集所有智慧于一身，但如果代表国家利益的议会不支持他，他的统治地位也将岌岌可危。不过，他对此一无所知。查理一世不愿承认自己有抛开议会去统治国家的野心,就下令不允许任何人向他提出召集新一届议会的建议。随着岁月的流逝,他越来越认为议会简直就是英格兰宪政制度的累赘,而公众舆论则是需要控制的洪水猛兽。他认为自己是在效仿都铎王朝历代国王的做法,但实际上严重破坏了亨利七世至伊丽莎白一世统治时期流传下来的优良治国传统。他终日离群索居,只与少数亲信混在一起,与广大人民离心离德。坦诚亲民才能赢得人民的拥戴,才是治国理政的法宝,而这一切查理一世根本无法做到。

实际上,亨利七世和伊丽莎白一世在位时已经默认了"民意至上"的思想。因此,由代表全体国民意志的下议院来公开行使国家权力的时代必将到来。查理一世统治时期实施的错误政策大大加速了这一进程。不过,可以肯定的是,如果依照约翰·艾略特爵士所提条件将最高权力完全移交给下议院,那么同样会产生暴政。亨利七世和伊丽莎白一世这两位君主都以乐于听取多方意见而闻名。他们在位时,其他地方先不说,至少在议会的会议大厅里人们是有言论自由的。下议院如果想取代国王行使国家权力,那么就必须保证人们在议会的大厅里外都能享有言论自由。议会如果追求国家权力的目的就是要享有某种宗教特权或政治特权,那么最终会沦为令人所不齿的专制机构。专职工作就是想方设法改变民意的王室顾问们也应该闭嘴了。1688年,英格兰议会争取最高权力的事业是崇高的。如果议会独享其所获权力,那么这份事业就不那么崇高了。不过,当时议会废除了出版审查制度,出台了宗教容忍令。言论自由和宗教自由可以防止议会走向专制,这就像中世纪民众有发动起义的自由一样,可以防止专制王权的产生。

这些自由思想在今天已经为人们普遍接受,但在17世纪的英格兰很难得到王室的认可。查理一世及其大臣认为必须严厉抵制下议院的宗教暴行。不过,他们想到的办法是重新回到历史的老路上,用强大的专制王权去对付下议院。当然,他们会尽量为其专制行为找到法律上的依据。如果实在找不到，他们就会直接拿特权说事。他们的解释是，为了保护国家的安全，国王就应该拥有某些特权；只要法律上没有明文禁止，国王就可按自己的意愿行事。法官的任免由国王说了算；星室法庭和高等宗教事务法庭有罚款或监禁的判决权。在上述两个法庭上，议会是没有任何发言权的。因此，查理一世实际上已完全实现了独裁统治的目的。不过，查理一世自认为他的政府是合法的，而他本人也以优秀的守法者自居。

查理一世在位时许多年间，英格兰的朝政实际上由理查德·韦斯顿①、威廉·劳德②和托马斯·温特沃斯爵士三个人把持。

威廉·劳德

---

① 理查德·韦斯顿（1577—1635），查理一世专制统治时期英格兰财政大臣，任期内推行了一系列为英格兰王室敛财的政策。——译者注
② 威廉·劳德（1573—1645），英格兰坎特伯雷大主教。1611年，他开始担任王室牧师，曾掌握制订教会政策大权，1628年任伦敦主教，1629年任牛津大学校长，1633年任坎特伯雷大主教。因在苏格兰强制推行英格兰的宗教仪式而引起1639年的主教战争。1640年，他以叛国罪被捕，并于1645年被处死。——译者注

三人之中，理查德·韦斯顿的地位最低。作为财政大臣，他与前任米德尔塞克斯伯爵莱昂内尔·克兰菲尔德一样，首先考虑的是经济问题。白金汉公爵乔治·维利尔斯的无度挥霍给英格兰政府留下了巨额债务，他只能竭尽所能去清偿这些债务。1628年议会通过的补贴办法帮他解决了大困难。1630年，他发现，所有年收入超过四十英镑的庄园主如果已不再是骑士，需要重新接受封号。但数以百计的庄园主忽视了这一程序，结果均被处以罚款。这些罚款全部都进了国库。这一惩罚措施无疑是合法的，并且马上获得了财政法庭的批准，只不过这种政府行为可能并不得人心。通过一系列类似举措，理查德·韦斯顿还清了大部分债

理查德·韦斯顿

骑士的装束

务，使政府收支渐趋平衡。他非常清楚，为了避免陷入新的债务危机，他必须说服查理一世一切行事以国家和平为重。1629年，英法之间实现了和平，但英格兰与西班牙直到1630年年底才签署了停战条约。查理一世对于未能帮助姐姐伊丽莎白公主夺回巴拉丁一直耿耿于怀。他和父亲詹姆斯一世的做法一样，每年都会就巴拉丁的归还问题同涉事各方进行谈判。每次谈判，理查德·韦斯顿都积极参与，但他同时不断向查理一世提出结束战争的建议。理查德·韦斯顿不关心欧洲新教徒的道德和精神诉求，人们怀疑他从骨子里就是一名天主教徒。他出台所有政策的目的就是想让英格兰尽快富强起来。他认为，只要商业繁荣，人们便有钱可赚，就不会对国王牢骚满腹了。

如果将理查德·韦斯顿比作为查理一世提供物质保障的总管，那么作为伦敦主教的威廉·劳德就是查理一世的精神导师。威廉·劳德一直担心加尔文教会在宗教事务上生出事端，认为宗教争议甚至可能会毁掉整个英格兰。他与身处同时代的多数人一样，从来都不认为只有思想自由才能让人们摆脱生活中的不如意。当约翰·艾略特爵士呼吁统一国家信仰时，威廉·劳德在极力主张统一教会礼拜仪式。在宣扬自己的主张时，威廉·劳德说："我只是希望英格兰教会之外的其他对上帝崇拜的仪式尽可能地统一起来，尽量做到庄重而体面。这一点在英格兰的大部分地区并未引起人们足够重视。要知道英格兰教会之外若不能统一宗教崇拜仪式，那么英格兰教会就可能会出现分裂。"清教徒认为人心由知识与思想决定，而威廉·劳德则认为人心由所见事物决定，外在的规章制度和现行的法律及现任统治者的权威才是决定人心的关键。威廉·劳德对反对他观点的人不会有丝毫同情，自然也不会招他们喜欢。不过，人们为了生存，就需要学会遵守既有的教会规章，尽量少发表反对英格兰教会的意见。

威廉·劳德比理查德·韦斯顿的贡献大，而托马斯·温特沃斯爵士比威廉·劳德的贡献大。当《权利请愿书》通过时，作为北方议事会主席的托马斯·温特沃斯爵士自然就成了为王室服务的人。他领导的北方议事会可以在亨伯以外的地方行使特别法庭才拥有的权力。不过，白金汉公爵乔治·维利尔斯在世甚至死后一年的这段时间里，托马斯·温特沃斯爵士一直未能在英格兰政府中担任要职。直到1629年11月，他才进了枢密院。很明显，1628年议会会议上发生的事情在很大程度上影响了他的思想。在1628年的议会会议上，托马斯·温特沃斯爵士带头反对英格兰发动战争的计划，认为这绝对不是明智之举。不过，他对下议院提出的主张非常反感，因为下议院敦促查理一世调查教会，而他本人也是被调查对象之一。约翰·艾略特爵士希望通过公众舆论赢得权威，而托

枢密院纹章

马斯·温特沃斯爵士则对公众舆论非常不屑。托马斯·温特沃斯爵士认为权威建立在知识而非民意之上，而他自己就是知识分子中的翘楚。他还认为争取权威并不像维持手中权力那么简单。托马斯·温特沃斯爵士的座右铭可以总结为："尊重正义而非个人感受。"没有什么能像富人享有特权那样让他义愤填膺。在他看来，下议院制订的规则虽然不是完全没有道理，但由地主和律师制订的规则是以牺牲穷人利益为代价的。托马斯·温特沃斯爵士进枢密院工作后，干出了一系列帮助穷困人家过上幸福日子的政绩。他规定治安官员必须每年向他汇报关于扶贫助困法律的执行情况,并向他说明衣食无着之人是否得到了救助,好吃懒做之徒是否受到了惩罚。与这项措施配套的还有一些规章,这些规章虽然不尽合理,但制订者的用意是良好的。至少现在看来,英格兰的商业潜力得到了激发,人口状况得到了改善。然而,托马斯·温特沃斯爵士之所以失败,是因为他完全忽视了民意的力量,不重视法律对维护正义的重要作用。他认为,政府是为人民服务的,人民只须接受服务即可,这就像天上下雨地面接水一样自然。在这样的管理模式下,人民自身的权利得不到强化;当然,政府也得不到人民的拥护。托马斯·温特沃斯爵士想通过自己的方式为人民造福,但他从人民那里得到的不是祝福而是诅咒。

第17章
教派分裂

精彩看点

亚历山大·莱顿与亨利·谢菲尔德受到惩罚——威廉·劳德与教会改革运动——乔治·赫伯特的宗教观点——理查德·薛伯斯被迫使用《祈祷书》布道——威廉·劳德与清教徒之间的鸿沟并非不可逾越

无议会政府度过了五个和平安宁的年头。因为害怕受到星室法庭和高等宗教事务法庭的指控和惩罚，所以人们大多不敢公开抵制王权。1630年，亚历山大·莱顿[①]对主教制度进行了一系列抨击后，遭受了鞭刑和无情的肉体伤害。1633年，亨利·谢菲尔德[②]也因操纵法律、打破教堂窗户玻璃等行为而被处以罚款。虽然英格兰政府在许多方面并不受人欢迎，但并没有迹象表明人们对其已经深恶痛绝。

　　当前，政府并没有明显违背英格兰的宪制。没有议会参政的这些年里，英格兰广大民众仍然过着以前的日子，与前任国王统治时期的生活没有什么不同。没有人站出来说，议会不会恢复以前的地位了。上一届议会会议上，反对派也没有表达这样的观点，而是选择了沉默。约翰·皮姆选择公开谴责约翰·艾略特爵士是不合时宜的。前几届议会中不少重要人物都选择了离开互相攻讦的机构。外交方面的成功暂时缓解了英格兰人紧绷的神经。和平时期，商业又恢复了往日的繁荣，急于赚钱的商人无暇再发动民众去抵制吨税和磅税了。1630年，曾席卷欧洲大陆的天主教

[①] 亚历山大·莱顿（1570—1649），苏格兰医生、清教传教士。1630年，因写了许多小册子公开攻击英格兰国教，他受到了法庭的审判，被处以鞭打、割耳、削鼻等酷刑。——译者注
[②] 亨利·谢菲尔德（1572—1634），英格兰律师、政治家、下议院议员。——译者注

古斯塔夫·阿道夫二世

入侵活动得到了遏制。古斯塔夫·阿道夫二世[①]率瑞典大军攻入了神圣罗马帝国，遏制了天主教扩张的势头。英格兰的新教徒不再担心自己的国家会遭到波罗的海到直布罗陀海峡范围内天主教联盟的侵略了。

威廉·劳德担任坎特伯雷大主教初期，其发起的教会改革运动并

---

① 古斯塔夫·阿道夫二世（1594—1632），瑞典国王、军事改革家。为谋求在波罗的海的霸权，1611年到1629年古斯塔夫·阿道夫二世先后同丹麦、俄国和波兰进行了多次战争，均取得了胜利。1630年，他率瑞典军队在波美拉尼亚登陆，击败了神圣罗马帝国皇帝和天主教联盟军队，但自己也不幸在吕岑战役中阵亡，终年三十八岁。——译者注

没有那么声势浩大，而其直接管理的教会仅限于伦敦教区。在查理一世的帮助下，虽然他能在其他地方推行教会改革思想，但那里的主教们或有意回避他，或推迟执行他的建议。即便在他斗志昂扬、口出骇人之语时，他的实际目的也不过是想让人们遵守《国教祈祷书》的规定，制止自乔治·阿伯特任坎特伯雷大主教以来人们经常有意逃避英格兰教会规定的行为。总体而言，在执行《国教祈祷书》规定时清教徒多少有些不太情愿，而那些拒不执行《国教祈祷书》规定的人最终会被解除教职。

乔治·阿伯特

主张尊重《国教祈祷书》规定内容的不止威廉·劳德一个人，乔治·赫伯特[①]也持相同的观点。他认为，只有坚持这样做，人们才能过上平静而圣洁的生活。乔治·赫伯特出身于贵族家庭，一直渴望自己的宗教生活高尚而纯洁，希望将自己的全部才智奉献给国家。然而，政治野心会动摇他的宗教信念，而宗教信念无法让他全身心地投入政治生涯中。最终，他选择了真正喜爱的职业，做了伯莫顿小教区的神父。伯莫顿是索尔兹伯里附近的一个小村庄，去英格兰最优美索尔兹伯大教堂[②]

乔治·赫伯特

[①] 乔治·赫伯特（1593—1633），威尔士诗人、演说家、牧师。乔治·赫伯特贵族出身，接受过良好教育，曾在剑桥大学和英格兰议会担任过高级职务。1630年，他辞去议会的工作，成了英格兰国教的圣职人员，担任伯莫顿小教区牧师，直至1633年去世。——译者注

[②] 索尔兹伯里大教堂位于英格兰最大的中世纪教堂建筑群内，建于1220年至1258年，高一百二十三米，是英格兰最高的天主教堂。——译者注

索尔兹伯里大教堂

只需几分钟时间。乔治·赫伯特是在用生命教导人们对所有纯洁可爱的东西充满敬畏。在他看来，所有教会活动的外在形式都是可亲可敬的。悠扬的祷告声、悦耳的风琴声、彩绘的窗户都在鼓励苦难深重的人们说出心中的迷茫，从而获得某种程度的心灵解脱。耳闻目睹的美好事物才能真正深入人心。就连教堂的人行道也可作为行于其上之人启迪心灵的"课堂"。

> 那带有斑点的方石头，
> 是如此稳固，
> 就这样成了地板的一部分。
> 是忍耐让你和黑石掺杂，
> 受尽挫折却难改谦让本色。

> 缓缓而起的,
> 是那悠扬的颂歌。
> 信心是美妙的黏合剂,
> 将爱心与慈悲,
> 和世界融在了一起。

在威尔特河流域纯朴的农民中间,乔治·赫伯特的传教方式非常奏效。每当乔治·赫伯特敲响钟声,发出共同礼拜的信号后,田间的农民都会停下手中的活计,默默念起祷告词。威廉·劳德期望获得像乔治·赫伯特这样教士的支持,而这样的教士也愿意支持威廉·劳德的倡议。他们认为,能接受权威教会管束是一件非常荣幸的事情;只有在遵守教会规则的情况下,人们的幸福感才会油然而生。

在下议院目前的制度下,乔治·赫伯特的宗教思想是无立足之地的,这也是下议院失策的地方。而如果英格兰教会维持原有的宗教状况,那么其他宗教派别一定会存在。在当时所有清教徒教士中,理查德·薛伯斯[①]的地位最高,无人出其右。无论是在格雷法学院律师围观的讲坛上,还是在剑桥大学的教会讲坛上,都能看到他活跃的身影。他没有像乔治·赫伯特那样选择从世俗世界隐退,追求与世无争的生活。相反,哪里人头攒动,哪里邪恶盛行,哪里就能听到他传教的声音。他传教时,虽然没有华美的外在仪式,但他宣扬的基督教义能直抵人心,而人们在专注于忏悔的过程中不知不觉地净化了心灵。就像乔治·赫伯特强调外在形式能激发圣洁感一样,理查德·薛伯斯认为,基督教义与宿命观才是激励人们工作和生活的心理动因。最能激发清教徒精神力量的信条就是皈依圣灵。信徒们深信,只要怀有虔诚之心,圣灵就

---

① 理查德·薛伯斯(1577—1635),英格兰著名清教徒神学家。他曾在英格兰国教担任神职,倡导人们根据《国民祈祷书》的内容做礼拜。——译者注

理查德·薛伯斯

会与他们同在，帮他们渡过各种难关，抵御各种诱惑。与其他清教徒一样，理查德·薛伯斯对自己从事的事业总是满怀信心。乔治·赫伯特最欢快的诗歌中总会透露出某种悲伤或哀怨的情绪，就连威廉·劳德和托马斯·温特沃思也常常承认他们的事业开展得不顺利，而深受牢狱之苦的约翰·艾略特爵士和活跃在讲道坛上的理查德·薛伯斯却为自己的事业欢欣鼓舞。教会形式和国家机构形式以前发生过变动，今后还会发生变动。邪恶罪孽生悲伤，纯洁正义产快乐，这些都是外力无法左右的。让理查德·薛伯斯等清教神学家受到威廉·劳德之流的控制是逆潮流之举，不大可能长期维持下去。伟大如理查德·薛伯斯的清教神学家终有一天会挣脱枷锁，成为时代的精神领袖。

然而，在目前的情况下，理查德·薛伯斯等清教徒教士有时在布道时不得不使用《国教祈祷书》中的全部内容。更糟糕的是，他们的一举一动都受到暗中监视。1627年，查理一世强行向民众借钱时，遇到了巨大的困难。此时，理查德·薛伯斯和另外四名同行想为巴拉丁的流亡者筹集善款，结果他们受到了王室严厉的批评。1633年，理查德·薛伯斯遭受了更大的打击。他与十一名志同道合的人合伙买下了一处教会用地，想为一些清教教士和学校校长盖房子住。威廉·劳德将理查德·薛伯斯等人告上了法庭，法庭审理后宣布他们的土地买卖是非法的。就这样，为清教教士谋福利的计划搁浅了。然而，伤心之余，理查德·薛伯斯对英格兰教会的忠心从未动摇过。理查德·薛伯斯曾写信给一位打算退出教会的朋友，对他进行了批评。理查德·薛伯斯说，英格兰教会才是真正意义上的教会。即使有些人认为教会的仪式不太合适，也不能因此断然否定其存在的价值。这种治病方式比病患本身还可怕。他劝朋友摒弃各种杂念，重新回归"神圣的英格兰教会大家庭"。

这位著名清教领袖说的这番话清楚地表明了他的立场。虽然他的话中略带几分不满，但他与威廉·劳德之间并无太多隔阂。由此可见，威廉·劳德与清教徒之间的鸿沟并非不可逾越。

第18章
开辟新英格兰

精彩看点

独立派——独立派人士前往美洲大陆——弗吉尼亚殖民地——"五月花"号横渡大西洋——未来新英格兰的中心——约翰·温思罗普与马萨诸塞殖民定居点——《对人类仪式的新控诉》

看来想要改变现有的宗教制度几乎不大可能了。于是，一些无法再容忍现有宗教体制的人就想通过移居他乡的方式进行避难。自伊丽莎白一世时代以来，不断有人指出，无须再改变或调整英格兰教会了，真正的基督徒应该彻底放弃英格兰教会。在给这些人的诸多名号中，"独立派"最能表达他们的立场。独立派认为，真正虔诚的基督徒应该与名义上的基督徒彻底决裂，形成一个属于他们自己的群体，选择自己的牧师，从而更好地传教，并且神职人员和世俗人员之间不应该有严格的分界线。不过，因为独立派人数较少，其观点也不受欢迎，所以常常会受到教会中改良派和保守派的歧视。

1608年，一些独立派人士移居荷兰，最终在莱顿定居下来。不过，他们习惯了乡村生活，对城市生活非常不适应。繁华世界放荡不羁的生活方式促使他们决心离开这里，前往美洲大陆寻找新的家园，希望在那里能够自由追求理想中的纯朴生活。

在现在被称作"美利坚合众国"的海岸边上，已经有不少英格兰定居者了。弗吉尼亚殖民地在经历了初期的种种困难后，已经发展成一个富足的烟草种植区。富起来的弗吉尼亚殖民者不想再过简朴的生活了。

于是，新来的英格兰移民不得不继续往寒冷的北方迁徙，寻找新的安家之地。

1620年，一百多名英格兰移民"抬头仰望他们心中最美的归宿——天堂"后，乘坐"五月花"号横渡大西洋，驶向了他们心中的圣地。他们先是抵达了科德角的一片开阔海湾，对沿岸地带进行了一番探索。1620年11月，他们遭到了寒冷和冰雪的双重袭击。不过，他们最后还是找到了落脚之地，并将其称为"普利茅斯"①，这也是他们离开英格兰最后那个港口城市的名字。不过，他们的麻烦并未就此结束，旅途的艰险和疾病

移民登上"五月花"号

---

① 普利茅斯位于今美国马萨诸塞州东海岸，距波士顿市四十英里，是继弗吉尼亚詹姆斯镇后第二个成功进入美洲大陆的英格兰移民的定居点。美国历史上的第一个感恩节就是在这里举行的。——译者注

"五月花"号横渡大西洋

夺去了一半人的生命。最后，只有大约五十人得以幸存，在条件极其恶劣的海岸上扎下根来，将那里慢慢开发成了未来新英格兰的中心。

十年过去了，普利茅斯的人口几乎没有多少变化，其间也没有新的移民加入。先于他们到达这里的非英格兰移民占据了最好的资源，从事渔业生产或与印第安人贸易。当然，掠夺和欺骗时有发生。英格兰国内宗教冲突再起，引发了新一轮移民潮。1630年，大约一千名清教徒在约翰·温思罗普[①]的率领下横渡大西洋，开辟了马萨诸塞殖民定居点。

在所有定居点中，独立派清教徒坚持的宗教原则没有改变。他们摒弃了宗教崇拜时的各种华而不实的仪式。然而，他们漂洋过海来此定居

---

① 约翰·温思罗普（1588—1649），英格兰萨福克郡格罗顿庄园的庄园主，担任过王室监护法院律师及管理地方事务的治安法官。1630年春，他率大批英格兰人移居建立于1628年的马萨诸塞湾殖民地。移民北美后，约翰·温思罗普一直活跃在英属北美殖民地的政治舞台上，先后十二次担任马萨诸塞湾殖民地总督，并于1643年当选为新英格兰联盟首任主席，著有《新英格兰史：1630—1649》一书。——译者注

在北美定居的英格兰移民

约翰·温思罗普率领清教徒在北美登陆

不只是为了寻求自由。《圣经》对他们来说就是宗教上的法律准则，他们要决心对可疑的经文做出解释，从而统一信徒的思想。拒不接受统一思想者将会被逐出殖民地；接受统一思想但触犯戒律者也会受到相应的惩罚。一天，当选为总督的约翰·温思罗普来到一个叫修斯克罗斯的地方，立刻下令将该地改名为修斯弗利，以免让人误解这里是耶稣会士的驻地。可以想见，如果真的面对耶稣会士他将会采取怎样的举措。身处这种环境的英格兰移民正直、宽容、善良，他们敬畏上帝，彼此相爱。1633年，没人会想到独立派清教徒不久会成为改变英格兰历史的人。1633年年底，一位在荷兰避难的著名独立派清教徒出版了一本专著——《对人类仪式的新控诉》。作者在序言中写道，以宽容态度对待独立派清教徒并不会给英格兰带来任何危险，因为绝大多数英格兰人认可《国民祈祷书》的内容并愿意遵从其规定。

第19章

全面推行国教

精彩看点

威廉·劳德严重亵渎清教徒的信仰——威廉·劳德推行的教会制度——威廉·普林与《戏剧演员的灾难》——威廉·普林遭受的暴行——约翰·弥尔顿与《酒神之假面舞会》——宗教斗争的恐慌

1633年8月，乔治·阿伯特去世后，威廉·劳德被任命为坎特伯雷大主教。威廉·劳德在教会问题上原本就一直影响着查理一世的思想，所以他的实权并未因这次职务变动而提升。不过，他的职务变动对英格兰的宗教状况影响巨大。之前，他只在自己所在教区内处理一些事情，但现在他需要关心整个英格兰的宗教事业。他一改前任的做法，想用权力迫使所有英格兰人都接受《国教祈祷书》的内容。如果有人反对他，查理一世会动用王权为他撑腰。

刚刚接管主教辖区的教会事务，威廉·劳德就严重亵渎了清教徒的信仰。和英格兰的许多地区一样，萨默塞特郡也有举行周年献堂礼的传统，而大摆宴席是必不可少的一部分，但这种庆祝往往会沦为纵酒狂欢。首席法官托马斯·理查德森[①]支持地方治安官员终止这一习俗的主张遭到了威廉·劳德的反对。威廉·劳德认为这是对主教管理教会事务的干涉，并严厉地批评了托马斯·理查德森。托马斯·理查德森走出圣公会主教办公地后说："我都快要憋疯了。"威廉·劳德和查理一世则认

---

① 托马斯·理查德森（1569—1635），英格兰法官、政治家，曾任下议院议员、议长、高等民事法庭首席大法官。——译者注

为，只要治安官员尽职尽责，就可以防止酗酒滋事等情况发生，庆祝活动仍可照常进行。他们的观点也许是对的，但采取的措施欠妥。查理一世不仅重新颁布了詹姆斯一世时期的《活动公告》①，即允许民众在周日下午从事某些娱乐活动，还要求神职人员在教堂宣读公告的内容。在清教徒看来，这就违反了《圣经》十诫②的第四条，即怂恿人们犯罪，但威廉·劳德对此不管不顾，只要求所有人绝对服从。

圣餐餐桌摆放位置的规定对清教徒来说也是一种冒犯。按照规定，如果教堂不举行圣餐仪式，圣餐餐桌就应摆放在圣坛最东端；如果举行圣餐仪式，则可将圣餐餐桌移动，以方便聆听牧师讲道。但事实上，一些主教和教区教堂将圣餐餐桌固定在圣坛的最东端，一些教堂将圣餐餐桌固定在圣坛中央，甚至干脆置于教堂中殿。做礼拜时人们经常会把帽子放在圣餐餐桌上，办理教区事务时往往将圣餐餐桌当作临时写字台。威廉·劳德对这些行为忍无可忍。在一次宗教会议上，查理一世对某些教义做了解释，指出主教或其他神职人员可以视情况自行决定将圣餐餐桌摆放在什么位置。不过，查理一世的解释并未显现出什么效应。在威廉·劳德的一再敦促之下，主教们最终还是把圣餐餐桌移到了圣坛的最东端，并用栏杆围了起来。目睹的东西要比传闻的东西更能对人的大脑形成强烈冲击：数百名原本对阿米念主义③或其他教堂采用的新礼拜仪式漠不关心的人，看到自己所在教区教堂的面貌发生较大改变后，再也难

---

① 《活动公告》由詹姆斯一世于1617年颁布，内容是关于兰开夏郡民众在周日和其他圣日可以举办的体育和娱乐活动。1618年，《活动公告》推广至全英格兰。1633年，查理一世重新颁布了该公告。——译者注
② 《圣经》十诫是指：第一诫，不可崇拜上帝以外的神；第二诫，不可制造或崇拜偶像；第三诫，不可妄称上帝的名字；第四诫，当纪念上帝安息日时，不可工作；第五诫，当孝敬父母；第六诫，不可杀人；第七诫，不可奸淫；第八诫，不可偷盗；第九诫，不可做伪证；第十诫，不可贪他人之物。——译者注
③ 阿米念主义是一种神学教义，以荷兰神学家雅各·阿米念（1560—1609）的名字命名。阿米念主义反对加尔文主义的宿命论，认为人在自由意志和上帝恩典的协助下，可以接受或拒绝上帝提供的救赎。——译者注

威廉·普林

以抑制胸中的怒火了。因为在他们看来,原本简单朴素的餐桌就很好,完全没有必要搞成圣坛的样子。

不过,威廉·劳德严格推行统一规定,违反教堂规定者都受到严厉的惩罚。坚决反对威廉·劳德推行的教会制度的人士中有一个叫威廉·普林①的律师。他学识渊博,思维活跃,通过不断著书立说来反对威廉·劳德的教会政策。威廉·普林是一名富有理性的清教徒,喜欢用纯粹逻辑推理的方式去批判一切不合理的事情。与威廉·劳德在推行其宗教政策时一样,威廉·普林在批评不合理之事时根本不会考虑任何人情世故。他批评男人不应留长卷发,不应纵欲畅饮,还抨击和纠正关于

---

① 威廉·普林(1600—1669),英格兰律师、作家、辩论家。威廉·普林因反对坎特伯雷大主教威廉·劳德的教会政策而知名。他还是一位多产的清教徒作家,一生冒死争取出版自由,作品达两百多部,其中不少是批判当时教会政策的小册子。——译者注

宿命论的错误观点。最后，他将矛头指向了戏剧行业，辛辣地讽刺了该行业的歪风邪气。他指出，肮脏粗鄙的表演亵渎了优秀剧作家的创作，思想高洁的演员要想登上戏剧舞台须先跳进染缸里浸泡一番。他的扛鼎之作《戏剧演员的灾难》未能让那些根本不愿接受他批评的人有所改变。他在书中严厉批判了职业戏剧演员的言行，指出职业戏剧演员斑斑劣迹，认为这些都是希腊戏剧演员或罗马戏剧演员的遗风。当然，他还批判了为职业戏剧演员撑腰的政府，有些批评的话语被认为是在影射亨利埃塔·玛丽亚王后。因为亨利埃塔·玛丽亚王后曾答应在一部反映宫廷改革的戏剧中出演角色，并亲自出现在了彩排现场。《戏剧演员的灾难》一书出版后，威廉·普林就被星室法庭判了枷刑，耳朵被割。最后，他被投入大牢，律师资格被剥夺，大学学位被注销。

亨利埃塔·玛丽亚王后

尽管威廉·普林遭受的暴行令人发指，但他的遭遇直到若干年后才引起公愤。威廉·普林对花费数千英镑排练假面戏剧讨王室欢心一事的强烈谴责唤醒了律师学院①的正义感，律师学院中一些原本拥护王室教会政策的人后来慢慢成了这些政策的坚决反对者。

除了威廉·普林的直接批判，有人间接批判了威廉·劳德推行的教会政策。约翰·弥尔顿②是伦敦一位法律文书的后人，思想严谨而深刻。

约翰·弥尔顿

---

① 律师学院是13世纪后期被称为"法律学徒"的人士组成的特殊社会团体，为了学习法律，这些法律学徒寄宿在伦敦三大中央法庭所在地威斯敏斯特附近的客栈。职业律师受聘为他们讲课或辅导。到14世纪，威斯敏斯特已经形成十几所具有私塾性、行业性的律师学院，其中四所最著名，分别是林肯律师学院、中殿律师学院、内殿律师学院和格雷律师学院。——译者注
② 约翰·弥尔顿（1608—1674），英格兰诗人、思想家、民主斗士、启蒙思想开拓者。代表作品有长诗《失乐园》《复乐园》《力士参孙》和反对书报审查制度的《论出版自由》。——译者注

兰斯洛特·安德鲁斯

他对英格兰的国教仪式并不反感。他可以像被威廉·劳德尊为大师主教的兰斯洛特·安德鲁斯①那样高唱赞美诗，还能在悠扬柔和的赞美诗感染下写出如下诗行：

> 但让我坚定的脚步
> 走向令人神往的教堂。
> 我爱那高高的圆屋顶，
> 还有那带有古风的石桩。

---

① 兰斯洛特·安德鲁斯（1555—1626），英格兰国教主教。曾任伊丽莎白一世、詹姆斯一世和查理一世的私人牧师。1619年至1626年，任王室附属教堂教长。1611年，受詹姆斯一世之命参与了《圣经》钦定本的翻译工作。——译者注

画满故事的门窗，
闪现着神圣的光芒。
风琴声声婉转悠扬，
唱诗人在投入地歌唱。
赞美诗清晰嘹亮，
动听的乐曲在耳旁回响。
我开始心驰神往，
眼前是美好的天堂。

不过，这些音乐唱词仅仅反映了约翰·弥尔顿独立高洁思想的一部分，是他崇高精神生活的调味品。他不愿把任何外在观察和感觉到的仪式与内心的精神崇拜划等号。在这种思想指导下，他创作出了《酒神之假面舞会》这部诗剧，告诉人们诗剧创作与戏剧表演应以传递纯洁思想为核心。他的这部诗剧尽管是在王党贵族面前表演的，但仍然大胆地表达了对威廉·劳德只注重外在仪式政策的强烈反对。诗人通过该诗剧告诉我们，是内在的因素在决定外在的规律，而非相反。

圣洁的贞操对上帝而言珍贵万分，
当我们心怀虔诚找到这样的灵魂。
让一千个活泼的天使做她的陪衬。
把罪恶和愧疚全部赶出她的心门。
在纯洁庄严的梦境时分，
告诉她事情之时避开凡人。
与天上人交谈的梦想成真，
开始将心之光束投向凡尘。
未受污染的灵魂，

决定了凡尘的本真，

不朽的思想必将永存。

　　威廉·劳德仍在不遗余力地推行自己的政策。他声称坎特伯雷大主教享有调查各主教辖区宗教状况的权力，并派遣手下四处走访调查。不遵守《祈祷书》内容的人员，对挪动教堂餐桌非议的人员，听到耶稣圣名时仍不低头的神职人员，统统受到批评、停职、免职、罚款，甚至监禁。统一教义思想一直是清教徒矢志不移的理想，而威廉·劳德不懈追求的却是统一的外在礼拜仪式。他跟托马斯·温特沃斯爵士说，他就是要追求一种完全统一的礼拜仪式，他毕生的理想就是建立一套纪律严明的宗教崇拜制度。他训练所有神职人员，就像军队中的上士训练普通士兵一样。但要知道反抗束缚乃人之本性。就连温和之人也开始怀疑威廉·劳德所做的这一切是不是想在英格兰恢复教皇的统治。众所周知，亨利埃塔·玛丽亚王后身边的一位侍从是来自罗马的密使，他经常接近查理一世。人们自然会认为他在给国王洗脑。威廉·劳德的一些支持者倾向于选择天主教的某些教义，这也让一些新教徒开始有了反抗的念头。英格兰随之陷入了宗教斗争的恐慌中。出现这种结果，威廉·劳德要负主要责任。

第20章

造船税

精彩看点

森林税——英格兰与西班牙结盟——组建海军舰队的资金——查理一世颁布新令状——约翰·汉普敦抗税——约翰·汉普敦的辩护词真正体现了法律精神

威廉·劳德的做法背离了英格兰人民的意志，而查理一世的所作所为也与立宪思想渐行渐远。王室虽然现在还能大致保证收支平衡，但不时会多出额外开销。遇到这种情况，王室就会巧立名目，以非常规的方式敛财。王室翻出了数百年前的法令，声称英格兰所有森林都是王室的狩猎场。因此，那些继承祖业的贵族和绅士需要向王室缴纳森林税后才能继续拥有这些森林。

　　不过，征收森林税的难度远低于征收造船税的难度。向往富足物质生活的理查德·韦斯顿被封为波特兰伯爵后，一直渴望能与西班牙人联手共同终结荷兰的商业霸主地位。当时，荷兰的商业水平远超英格兰。两国之间的海域完全成了荷兰的天然渔场，每年都能为荷兰带来巨额的收入。同时，在首相黎塞留的支持下，法兰西海军渐渐强大起来。面对强大的竞争对手，心怀嫉妒的查理一世意欲夺取北海和英吉利海峡的控制权。从一包截获的信中，查理一世获悉，法兰西为夺取更多利益，正与荷兰密谋联合攻打敦刻尔克。查理一世当然不愿看到多佛海峡南岸全部被路易十三控制。他当时的感觉就像英格兰人发现拿破仑三世密谋占领安特卫普的感觉一样。西班牙外交官敏锐地察觉到了查理一世的不满，于是趁机与英格兰缔结了盟约。西班牙答应给查理一世提供一部分战争经费，支持英格兰与荷兰或法兰西开战。

不过，组建海军舰队的资金从何而来？伊丽莎白一世时代和1626年，英格兰政府都是号召沿海各郡提供作战用舰来保家卫国的。战争时期的政府可以这样做，但现在英格兰正处于和平时期。然而，司法大臣威廉·诺伊坚持认为，即使在和平时期，政府也可以采取老办法。1634年，查理一世下令，要求沿海各郡及城镇提供作战用舰。几周后，沿海各郡得到消息说，如果它们选择出钱，海军舰队便可以由王室负责组建。1635年夏，以这种方式组建的英格兰舰队出海了，但西班牙答应提

威廉·诺伊

17世纪30年代的理查一世

供给英格兰的资金并未到位。最终,英格兰军队未与敌人交手。曾经富甲一方的西班牙遇到了问题,腓力四世拿不出当初承诺的那笔资金,只好让外交官去搪塞查理一世。查理一世当然不愿独自与法兰西和荷兰开战。1635年秋,英格兰舰队悄悄返回了英格兰。

查理一世一门心思地想组建一支强大的海军。理查德·韦斯顿和威廉·诺伊相继去世后,英格兰政府完全由激进派官员把控。查理一世又颁布了一份令状。与1634年的令状不同,新令状要求英格兰所有郡县

第 20 章 造船税 | 187

都须缴纳造船税。枢密院称:"国内各郡应该联起手来,共同出资,同仇敌忾。"这一观点听上去好像不无道理。19世纪的英国财政大臣肯定不会要求汉普郡和约克郡的民众缴纳造船税,更别提让伍斯特郡和德比郡的臣民缴纳这样的税种了。民众如果认为英格兰根本就无须组建海军舰队,还会心甘情愿地缴纳造船税吗?除了怀疑造船税的合理性,广大民众还难以接受查理一世滥用权力敛财的做法。但查理一世声称,为了国家利益,他有权独断专行,其行为可不受法律约束。如果事出紧急,国王确实没时间召集议会商议,是有权做出临时决定的。然而,这种在极端情况下不得已而为之的做法正在变成查理一世的惯用伎俩。查理一世如果可以自行决定什么时候为组建海军舰队征税,那么也完全可以打着提升陆军战斗力的旗号开征新税。过去的英格兰国王无论有怎样的诉求,都没有试图废除或架空议会,也没有试图剥夺议会在税收问题上的决定权,毕竟议会制度是英格兰人长期斗争的结果。

1636年,查理一世打算再次派舰队出征,但遭到了各方反对。1637年2月,查理一世决定听取法官团的意见,表现出一副依法行事的姿态。但事实上,自他登上王位以来,已有两位大法官被罢免,还有一位财政法庭法官暂停工作,就因为这三位官员不认同他的观点。和过去一样,查理一世这次仍然表面上守法,但内心里根本无视法律的存在。他问法官们,为了保卫英格兰,他是否应该征收造船税?他是否应该享有独断专行的权力?他何时、以什么样的方式救英格兰于危难之中?对前两个问题,十名法官立即给出了肯定回答,其余两名法官随后也同意了多数人的意见。不过,令法官们吃惊的是,他们认为纯属私下交流的意见竟然被查理一世以法令的形式通告了英格兰所有郡县。

查理一世认为,这样一来,民众便再也没理由反对他了。然而,白金汉郡的一位乡绅约翰·汉普敦以议会议员的身份跟查理一世唱起了反调。按照新税法,约翰·汉普敦须缴纳的税款不过二十先令而已。但数额不是问题，问题是英格兰国王和下议院到底谁该拥有至高无上的权力。如果是国王，那么国王就可以随心所欲地收钱；如果是下议院，那么下议院就可以拒绝拨款给政府，从而钳制政府。在约翰·汉普敦看来，查理一世不仅违背下议院的意愿，而且违背所有英格兰人的意愿。因此，他不支持新的税收法令，拒绝缴纳二十先令的税款。

约翰·汉普敦的抗税行为在财政法庭引发了争论。十二名法官中有两名法官坚决支持他，还有三名法官仅从法理上支持他，其余七名法官

约翰·汉普敦

则站在了查理一世这边。法官团认为，英格兰无须再设立议会这一机构了。造船税仍在征收，英格兰人的反抗情绪日益激烈。显然，法官团是迫于查理一世的压力才做出了如此荒谬的决定，而约翰·汉普敦的辩护词才真正体现了法律精神，深得人心。

第21章
反教会政府三斗士

精彩看点

威廉·普林再次遭到惩罚——约翰·巴斯特威克医生和亨利·伯顿牧师——约翰·弥尔顿与《利西达斯》——英格兰人未要求国王将治国大权完全交给上议院和下议院

三年时间里,英格兰国内形势发生了巨变。1634年,威廉·普林遭受割耳之刑一事并未引起民愤,律师学院甚至有人以演假面剧的形式为查理一世歌功颂德,表达他们愿意与威廉·普林划清界限的决心。然而,1637年威廉·普林再次遭到惩罚时,人们对他的遭遇充满了同情。

这次,他不是一个人在战斗。与他并肩作战的还有约翰·巴斯特威克医生和亨利·伯顿牧师。三人口诛笔伐,猛烈、无情地抨击教会政

约翰·巴斯特威克

府。不过，他们因此遭到了星室法庭变本加厉的报复：每人被罚五千英镑，戴着枷锁游街，忍受割耳之辱，终身遭受监禁。

三人虽然因言辞过激而遭到了残酷迫害，但唤起了英格兰人的反抗精神。他们戴着枷锁从监狱前往受刑台时，人们一路为他们撒下花草。当时，一位作家写道："他们三人边走边与路人交谈着什么。约翰·巴斯特威克说，他们这是要去王宫欢度'领环日'，就像骑士领受嘉德勋章那样开心。他一路都在轻松地开着这样的玩笑。威廉·普林一路向人们解释自己是无罪的。亨利·伯顿说这段路程是他最快乐的布道时光。两小时后，行刑者要开始割他们的耳朵了。亨利·伯顿第一个受刑，围观的人

亨利·伯顿

们都为他遭受如此不幸流下了眼泪。每割下一只耳朵，人群中便会发出凄惨的叫声，好像他们自己的耳朵也被割了去。约翰·巴斯特威克将一把刀递给了行刑者，并用自己的外科知识教他如何快速将耳朵割下来。三年前威廉·普林的耳朵割得不彻底，所以这次他吃尽了苦头。"

同情他们的不只伦敦的市民。三人在被押往不同监狱的途中，总会有人等在路边，问候、目送他们心中的斗士。有史料称，"普通民众对他们满怀同情，若将他们关在普通的监狱里，善良的人一定经常前去探望"。结果，威廉·普林被关到泽西岛，亨利·伯顿被关到根西岛，威廉·巴斯特威克被关到锡利岛。

人们的愤怒在文学作品中得到了充分宣泄。1634年，约翰·弥尔顿创作了诗剧《酒神之假面舞会》，表达了自己对教会制度的看法。1638年，他写了一首挽歌《利西达斯》，强烈抨击了打压新教思想的教会制度。挽歌表面上描述牧师的生活，实际上哀悼溺水身亡的朋友。除了悲伤的情绪，诗人还传达了其他强烈的情感，本该为民众服务的神职人员激起了约翰·弥尔顿的愤慨：

> 我应该怎样保护你，年轻人？
> 这一切已足够满足他们的肚腹，
> 他们蹑手蹑脚，闯入、攀爬进羊圈。
> 他们很少有别的算计，
> 除了混入剪羊毛者的盛宴，
> 轰走值得邀请的客人。
> 盲目的嘴！他们不知道如何
> 举起一支羊钩，或者至少习得
> 牧羊人最基本的技艺。
> 它与他们有何关系？他们有何所需？他们被赋予了权力；

而当他们愿意，那倾斜、闪光的歌谣
摩挲着稻草做成的刺耳长笛，
于是饥饿的羊儿抬起头来，不被喂养，
却在风里膨胀，他们描画的恶臭迷雾，
从内部腐烂，让恶病传染：
除了那阴森的教堂用它秘密的脚爪，
终日一言不发，急速吞咽，
他们将工具放在门边，
准备好了一次重创，就这一次。

  一些政治表述语反映了当时人们的情绪。与其他西欧国家的政体一样，英格兰的政体也是以国王为中心的各种政治力量的集合体。众所周知，1629年英格兰有三大政治力量：神职上议院、世俗上议院和下议院，但到了1640年，人们再谈论英格兰政体时就只提国王、上议院和下议院了。这一貌似常识性的错误实质上反映了人们的政治智慧。这说明人们不愿再接受教会的统治，只愿接受听从上议院和下议院意见的国王的统治。人们虽然反对国王独揽大权而民无权的政治制度，但并未要求国王将治国大权完全交给上议院和下议院。

第22章
托马斯·温特沃斯爵士主政爱尔兰

精彩看点

英格兰政府决心改变爱尔兰的混乱状况——英格兰移民和苏格兰移民——宗教差异是引发重大危机的导火索——托马斯·温特沃斯爵士出任爱尔兰总督——托马斯·温特沃斯爵士对爱尔兰的有效治理

直到伊丽莎白一世统治后期，爱尔兰才真正接受了英格兰的统治。詹姆斯一世继位后继续推行平定爱尔兰偏远地区的计划，之后维持那里的社会治安，但这项任务异常艰巨。爱尔兰偏远地区的部落拥有大量土地，可做牧场，亦可种庄稼。部落首领及部众不喜欢放牧种田，而喜欢发动战争，肆无忌惮地掠夺民财。

英格兰政府决心改变爱尔兰的混乱状况。那些安居乐业的农耕者既无需政府多费心思去管理，也容易转变为良民。英格兰政府计划派一批英格兰人到爱尔兰做领主，从而加强对爱尔兰的统治。虽然该计划的初衷很好，但英格兰政府如果缺乏执行力和公信力，那么危险还是存在的。爱尔兰的部落首领及部众随时会发动武装起义。

今天的英国政府会派遣军队驻扎在都柏林，维持爱尔兰的秩序。然而，在詹姆斯一世统治时期，英格兰政府没有足够的资金供养这样一支驻军。阿尔斯特地区两名爱尔兰部落首领的叛乱让英格兰政府抓住了把柄。詹姆斯一世宣布将北爱尔兰收归英格兰王室，交给英格兰移民和苏格兰移民管理。虽然土地还是分给了当地的爱尔兰人，但爱尔兰人在心理上不接受英格兰移民和苏格兰移民的管理，总是担心英格兰的法律会让他们失去从祖辈那里继承的土地。生活中的变故让爱尔兰人一时无法适应,他们因此对英格兰人充满了怨恨。

宗教差异是引发重大危机的导火索。在宗教教义上倾向于教皇思想的英格兰国王,在推行其政策时也会倾向于西班牙国王的做法。然而,强迫所有爱尔兰人改变信仰是不大可能的。几次逼迫无果后,英格兰政府只得采取温和劝说的方式,但这种方式也没有奏效。爱尔兰新教的教会管理相当混乱,教会的土地和收入为少数谋取私利者所控制。他们一味中饱私囊,直接导致多数教区牧师过着一贫如洗的生活。如果教会上层公务繁忙,根本无暇考虑谋取私利,那么人们还是愿意去教区活动的。但如今当地人看到教会的种种乱象后,对教会已经没有半点好感,最后连做弥撒也私下进行了。

1633年夏,托马斯·温特沃斯爵士抵达都柏林,出任爱尔兰总督。这位新总督英勇无畏、思维敏捷,决心要在爱尔兰建立一套有序的管理

都柏林

制度，向欧洲其他国家看齐。不过，托马斯·温特沃斯爵士缺乏必要的法律意识。虽然培养公众的守法意识是政府管理的第一要务，但他只关心事情是否能做好，至于如何去做他不太关心。

无论托马斯·温特沃斯爵士身上有怎样的优缺点，不设立爱尔兰议会而仅凭他个人是不能立法的。当前，英格兰议会的声音比以往任何时候都能代表整个国家的利益，但爱尔兰的议会议员没有统一国家的概念，部分议员由本土爱尔兰人选举产生，部分议员由英格兰移民选举产生。由于缺乏共同的情感，他们没有共同的利益和目标，无法团结一心。爱尔兰当时的情况与19世纪印度的情况非常像。爱尔兰需要一支强大的军队来维持社会治安，同时需要一位政治智慧非凡的领导人。托马斯·温特沃斯爵士对此心知肚明。1634年，他召集爱尔兰议会开会。在对两派议员进行一番威逼利诱后，他终于拿到了梦寐以求的资金。他随即用这笔资金组建起了一支待遇优厚、训练有素的军队。虽然他的目的达到了，但其手段令人不齿。他行事独断专行、不顾民意，必将吞下恶果。托马斯·温特沃斯爵士到爱尔兰赴任之前，詹姆斯一世曾向爱尔兰人许过不少好处。然而，托马斯·温特沃斯爵士一意孤行，拒不履行一些在他自己看来不太恰当的承诺。他也许认为只有不过分讨好爱尔兰人才有利于统治爱尔兰，但从未考虑过公然失信的做法会给政府管理带来何其严重的负面影响。

单就物质生活讲，在托马斯·温特沃斯爵士的治理下，爱尔兰前所未有地繁荣了起来。爱尔兰人慢慢摆脱了贫困，过上了富裕的日子，贸易和商业取得了空前的发展。在托马斯·温特沃斯爵士的支持下，爱尔兰北部的亚麻业逐渐有了起色。在教会制度方面，托马斯·温特沃斯爵士沿用了威廉·劳德的思想。不过，推行这样的制度时，他拥有更多的自主决断权。在打压天主教徒和清教徒的同时，托马斯·温特沃斯爵士还对教会进行了积极的改革，新建和修缮了不少教堂和学校。代表英格兰教会制度的神职人员开始有了比较多的收入，牧师也成了当地爱尔兰人非常羡慕的体面工作。在民事管理和军事管理方面，托马斯·温特沃斯爵士清退了那些不能胜任或中饱私囊的官员，换成了他信得过的人。

很明显，托马斯·温特沃斯爵士这样做肯定会树敌不少。不过，他的敌人多得有些离谱。他生性专横，不允许别人有丝毫的反对意见，而且他对待不信任之人的态度要比终止他们工作的行为更让人感到愤怒。

托马斯·温特沃斯爵士在都柏林对官员的打压甚至都惊动了英格兰王室。爱尔兰人指控托马斯·温特沃斯爵士公开违背查理一世的庄严承诺，一门心思地想在康诺特①推行殖民计划。在托马斯·温特沃斯爵士看来，要想让爱尔兰人长久接受英格兰统治，英格兰移民必须有所作为，必须想方设法在荒蛮之地发展实业，维持一定的社会秩序。为了实现这个目标，托马斯·温特沃斯爵士将法律当成了专制工具。他会通过威逼陪审团的方式做出有利于自己的裁决，最终用操纵法律的手段实现了自己想要的一切。然而，这种粗暴的专制手段根本就没有法律依据可言。

事实上，托马斯·温特沃斯爵士对爱尔兰的管理模式是将威廉·劳德的"专制"思想发挥到了极致。"专制"一词的首要意思是完全忽略个人的目的与利益。官员履职的目的不是去实现私利，而是为国家发展做贡献。将国家利益置于个人利益之上的主导思想必然会导致国家利益高于一切，无论个人属于哪个阶级或政治派别。然而，即便托马斯·温特沃斯爵士的一切行为都以国家发展为重，他出台的政策也很难让他得偿所愿。虽然他在短时间内改善了人们的外部环境，貌似控制着人们的行为，但实际上他根本就不尊重人们的思想情感和理想抱负，严重践踏了人们的尊严。他用牧羊人对待羊群的方式对待自己管辖下的民众。不错，民众偶尔犯错甚至腐化堕落，但大部分思想纯洁、生活自律，所以

---

① 康诺特位于爱尔兰西部。盖尔人曾在这里建立康诺特王国。1461年，康诺特归英格兰王室所有。——译者注

爱尔兰人

不能一味地靠高压手段去统治。托马斯·温特沃斯爵士推行的制度不仅给爱尔兰社会造成了不小的影响，也给英格兰社会带来了很坏的影响。对爱尔兰而言，推行该制度的本意是想提升整个社会的文明程度，但对英格兰而言，该制度将一个蓬勃发展的统一国家的文明程度拉低了层次。在爱尔兰，托马斯·温特沃斯爵士尽管有查理一世的支持，但最终不得不收敛锋芒。在英格兰，查理一世的统治地位已经摇摇欲坠。托马斯·温特沃斯爵士在爱尔兰的权力变化反映出了查理一世的权力不断减弱的现实。

第23章
苏格兰抵制主教制度运动

精彩看点

主教制度在苏格兰难以为继——为苏格兰人编写新的《国教祈祷书》——《国民契约》——查理一世被迫与苏格兰人谈判——教会大会在格拉斯哥举行——苏格兰人举起共和主义的旗帜

因为英格兰的主教都参与了宗教改革，所以主教制度在英格兰能够维持。但苏格兰的主教没有参与宗教改革，主教制度在苏格兰也就难以为继。17世纪初，苏格兰的主教都是詹姆斯一世任命的，他想以此来维持苏格兰神职人员的秩序。詹姆斯一世之所以能这样做，是因为苏格兰贵族比英格兰贵族更强大，并且他们对神职人员非常不满。苏格兰的神职人员和广大信徒是信奉清教教义的，这和英格兰的情况有所不同。在贵族的帮助下，詹姆斯一世百般威逼，最终让苏格兰神职人员接受了某些英格兰教会的形式，比如领受圣餐仪式、圣诞节仪式和复活节仪式等。然而，这些仪式也遭到了众多苏格兰民众的抵制，但凡有点理智的人都明白，再强迫苏格兰人接受新的教会仪式是会出乱子的。

威廉·劳德和查理一世对苏格兰的宗教状况很不满意，专门为苏格兰人编写了新的《国教祈祷书》。《国教祈祷书》中的祈祷仪式虽然和英格兰教会的仪式大不相同，但在一定程度上还是违背了清教教义。1637年7月23日，爱丁堡的教堂尝试推行新的祈祷仪式。然而，牧师还没念完第一句话，在场的女信徒便义愤填膺，纷纷拿起凳子砸他。一名男子在祈祷结束后说了一声"阿门"，一个脾气暴躁的女信徒便将《圣经》扔到了他脸上，冲他喊道："别在我面前这样下作。"这反映出苏格兰人抵制新祈祷仪式的坚决态度。当然，还有其他因素混杂在宗教狂热中。那些曾经嫉妒神职人员的贵族开始恨起了主教，担心查理一世会从他们手中夺走曾经属于教会的财产。新《国教祈祷书》的内容伤害了苏格兰人民的感情。在抵制令人作呕的教会新规上，苏格兰人民空前地团结起来。

　　苏格兰人民知道查理一世不愿放弃其宗教立场后，对英格兰国教的抵制也变得更加坚决。1637年11月，苏格兰人民成立了四个委员会来负责王国的内政。1638年2月，几乎所有苏格兰人都在《国民契约》上签了字，坚决反对英格兰国教，承诺"要用一切合法手段让信徒重回原先的生活，恢复福音派①的纯洁与自由"。

　　查理一世恼羞成怒，被迫与苏格兰人谈判。他派詹姆斯·汉密尔顿前往劝说苏格兰人退出反英格兰教会的《国民契约》，但没有收到任何成效。查理一世只好故技重施，让詹姆斯·汉密尔顿耐心倾听苏格兰人的所有怨言，以"争取更多应对时间"。詹姆斯·汉密尔顿别无他法，只能照做。查理一世知道，英格兰人"更愿与苏格兰人一道反对他，而不愿为他效劳，同苏格兰人拼杀"。查理一世让詹姆斯·汉密尔顿向苏格兰人承诺，可以召开教会大会和议会会议来商讨宗教问题的解决办法。1638年9月2日，英格兰王室发布公告，废除了《国教祈祷书》中一些强人所难的规定，并承诺会限制主教的权力。不过，公告同时要求苏格兰人必须退出反英格兰教会的《国民契约》。

　　1638年11月21日，教会大会在格拉斯哥举行了。教会大会要比议会更能代表当时苏格兰人民的利益。在所有代表中，神职人员占了大多数，共计一百四十四名，世俗代表主要为各地区选出的贵族，共计九十六名。詹姆斯·汉密尔顿代表查理一世出席了大会。

　　不久，詹姆斯·汉密尔顿便与教会大会产生了分歧。主教们拒绝

---

① 16世纪宗教改革时期，马丁·路德的追随者自称"福音派"。——译者注

詹姆斯·汉密尔顿

承认教会大会的权威,因为教会大会居然没将他们列为代表。教会大会坚称其拥有对主教判罚的权力。对此,詹姆斯·汉密尔顿极力反驳。他说,在处理所有民事和教会事务上,只有国王才拥有至高无上的权力,只有国王才可以对主教做出判罚。然而,教会大会不理会他的说辞。詹姆斯·汉密尔顿不得不发布了解散教会大会的公告。然而,教会大会根本不理睬这份公告，罢免了所有主教，废除了英格兰教会的所有条例，恢复了苏格兰的长老会制。

苏格兰人的这一举措具有极其重要的政治意义。实际上，他们举起了共和主义的旗帜，与王权至上的思想做斗争。他们虽然仍将自己视为查理一世的臣民，但在处理当时重要的宗教问题上不愿征询他的意见，也不允许他反对或改变他们做出的任何决定。就这样，查理一世曾肆意滥用的最高权力被苏格兰人夺走了。

苏格兰人的这一举措表明他们追求的是共和而非自由。格拉斯哥教会大会认为长老会制是上帝自建的教会秩序，这一点可以从《圣经》查证。基督徒在教会事务中只接受神职人员的管理，不接受任何国家的任何世俗统治者确定的教会秩序。基督徒不应该接受主教和国王的管理，当然也不应该享有言论自由。

即便如此，抵制主教制度运动还是为苏格兰获取自由奠定了基础。一个民族只有在大多数民众的宗教信仰和政治原则不受干扰的情况下，才会考虑去接受少数人的统治。查理一世和威廉·劳德强迫苏格兰人按照他们规定的仪式做礼拜，但大多数苏格兰人认为这只能令上帝不悦，因为对上帝的崇拜应发自内心而非源自外在形式。冲突由此产生。随着冲突不断持续，涉事双方再也难以容忍彼此了，就像战场上的将军无法容忍不服自己的士兵一样。不过，民众的胜利最终还是让整个国家变得宽容起来。弱者才会打压民众的言行，真正的强者应允许民众言行自由。

第24章
主教战争和短期议会

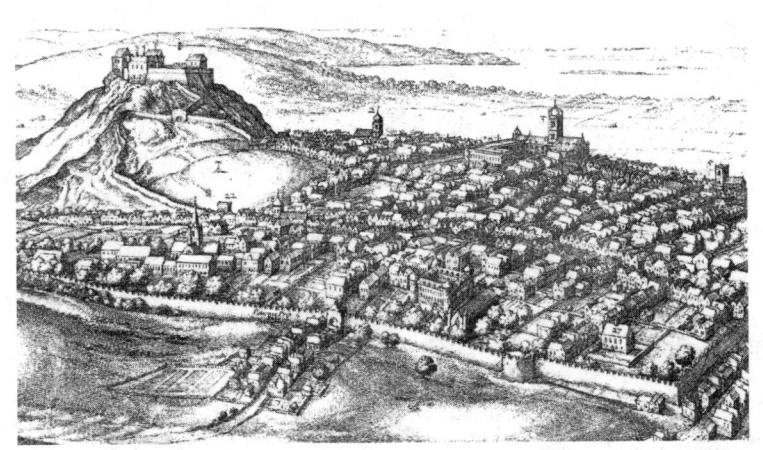

精彩看点

英格兰人不支持查理一世对苏格兰开战——苏格兰人为战争做好充分准备——《贝里克条约》——短期议会——英格兰的清教徒和苏格兰的长老会教徒走到了一起——查理一世与托马斯·温特沃斯所率英军不敌苏格兰军队——查理一世被迫召集议会

由苏格兰开始的抵制主教制度运动注定会蔓延至英格兰。苏格兰议会所提要求虽然比英格兰议会更高，但本质上与英格兰下议院1629年所提要求是一样的。英格兰人没有要求拥有越过国王制订法律的权力，也没有要求拥有长老会在教会事务中应有的最高权力。不过，他们坚称，从道德上讲国王必须听取他们的建议，他们坚持的教义是正确的，其他人不应公开干涉。查理一世和威廉·劳德当然反对他们的理论，认为在处理教会事务中国王和主教才拥有最高的权力。如果苏格兰人能摆脱国王对教会的控制，那么英格兰人也会马上效仿他们的做法。

因此，如果查理一世继续干涉两国宗教事务，与苏格兰开战就在所难免了。不过，英格兰议会肯定不会支持查理一世向苏格兰发动战争。这让查理一世非常尴尬。看来，王室只能要求英格兰贵族带头捐款了，威廉·劳德也不断向神职人员施压，让他们向贵族学习，踊跃捐款。然而，英格兰的普通民众并不支持即将到来的战争。

苏格兰人早已为战争做好了充分准备。三十年战争期间曾在神圣罗马帝国战场上冲杀的苏格兰老兵已经聚集起来。因此，苏格兰虽然多年来都未曾卷入战争之中，但仍然拥有一支作战经验丰富的军队。1639年6月初，一支约两万士兵组成的苏格兰大军在距离贝里克不远的邓斯劳

爱丁堡

山驻扎了下来，扼守通往爱丁堡的道路。苏格兰军营的对面便是查理一世率领的英格兰大军，兵力总计两万两千多人。不过，英格兰军队无心作战，将士们内心很清楚：终有一天他们会和苏格兰人一样反对查理一世。整个英格兰军营一片混乱：士兵们食不果腹，军官们牢骚不断。新兵根本没心思练习作战技能。有的士兵甚至朝查理一世所在军帐的方向开枪。一切迹象都表明，英格兰军队不可能打胜仗。果然，英军被迅速击溃。查理一世无可奈何，只得选择和谈。1639年6月24日，双方签署了《贝里克条约》，格拉斯哥教会大会的决议得到了默认，苏格兰方面承诺在处理民事或宗教事务时一定会征得议会和教会大会的同意。

不过，议会和教会大会都没有按照查理一世的意愿行事。于是，查理一世决定再次动用武力。已被封为斯特拉福德伯爵的托马斯·温特沃斯从爱尔兰赶回英格兰，不断鼓动查理一世动武，并建议他马上召集议会进行商讨。但托马斯·温特沃斯离开英格兰太久了，对目前英格兰人民的情绪根本就不了解。长达十一年休会后，英格兰议会终于在威斯敏斯特再次召开会议，史称"短期议会"。查理一世发现苏格兰叛乱分子与法兰西政府有互相勾结的迹象。他认为，英格兰人民得知苏格兰与宿敌法兰西勾结时，一定会支持他与苏格兰人开战。然而，英格兰人民有自己的想法，下议院就明确表示，查理一世要想获得英格兰人民的支持，就得先满足英格兰人民的诉求，而满足英格兰人民的诉求就意味着查理一世必须放弃现有的教会制度。1640年5月5日，愤怒的查理一世解散了议会，本届议会会期仅仅持续了二十三天。

将议会解散一事必然会激怒英格兰广大民众。虽然英格兰的清教徒和苏格兰的长老会教徒信奉的教义不完全一样，但他们快速地走到了一起。英格兰的清教徒发现，查理一世对他们的信仰非常反感，他宁愿发动一场不可能打赢的战争，也不愿满足他们的宗教诉求。不过，他们还是不愿承认查理一世这样做实际上是他本性流露的自然结果。他们深受忠君思想的影响，将一切罪过都归到了威廉·劳德和斯特拉福德伯爵托马斯·温特沃斯的头上，尤其认为斯特拉福德伯爵托马斯·温特沃斯罪责难逃。斯特拉福德伯爵托马斯·温特沃斯曾经是下议院的领袖，如今变成反复无常、阴险狡诈的叛国者，成了议会最大的敌人。这是不争的事实！

不管全面调查能为斯特拉福德伯爵托马斯·温特沃斯所犯错误开脱多少，他在当时的斗争中选择错误立场这一点都不可原谅。从长远来看，斯特拉福德伯爵托马斯·温特沃斯反对议会拥有最高权力的观点也许应该得到人们重视，人们也应该采取必要的措施以防止恶性事件发生。然而，眼下的危险和斯特拉福德伯爵托马斯·温特沃斯担心的情况恰恰相反。伊丽莎白一世统治时期，议会和王室能够相互尊重，政府管理井然有序。到了1640年，这种和谐的局面在英格兰已不复存在。上议院和下议院的议员们必须选择自己的立场：是应该将至高无上的权力赋予王室还是议会？持不同意见的两派都打着"清君侧"的旗号，而哪派的观点更有道理则需要时间去验证。

两派不同观点之争被列为重大问题提上议事日程是几个月以后的事情了。现在，斯特拉福德伯爵托马斯·温特沃斯和查理一世正率军一路向北，但军心涣散，无论斯特拉福德伯爵托马斯·温特沃斯怎样努力，都无法激起将士们的斗志。1640年8月28日，苏格兰军队经纽伯恩穿过泰恩河，侵入了英格兰境内。英军将士见状，顿时惊慌失措。见此情形，斯特拉福德伯爵托马斯·温特沃斯建议查理一世弃战，与苏格兰人谈判。结果，苏格兰军队占领了诺森伯兰和达勒姆。在实现和平前，英格兰需向苏格兰每天支付八百五十英镑的补偿款。

　　为了满足苏格兰人的要求，走投无路的查理一世不得不再次召集议会。在召集议会前，查理一世先征求了贵族委员会的意见。贵族委员会建议他最好还是顺从议会的决定。看来这次查理一世注定会遭到上议院和下议院的共同反对。

第25章

长期议会及处决斯特拉福德伯爵托马斯·温特沃斯

精彩看点

长期议会——下议院议员对斯特拉福德伯爵托马斯·温特沃斯又怕又恨——斯特拉福德伯爵托马斯·温特沃斯遭到弹劾——审判斯特拉福德伯爵托马斯·温特沃斯——《褫夺公民权利法案》——斯特拉福德伯爵托马斯·温特沃斯被处死

1640年11月3日，参加史称"长期议会"的议员们齐聚威斯敏斯特召开议会大会。查理一世想让议会尽快投票为王室拨款，但议员们认为召开这样会议的机会难得，必须先完成他们认为重要的工作。如果在苏格兰人的要求没有得到满足之前就解散议会，那么英格兰就再难阻止苏格兰大军浩浩荡荡开赴伦敦了。查理一世第一次没敢贸然解散议会，而下议院也自然不会着急地去满足苏格兰人所提的要求。

下议院议员不喜欢许多查理一世身边的人，但只有斯特拉福德伯爵托马斯·温特沃斯让他们又怕又恨。1640年11月11日，下议院领袖约翰·皮姆提议以叛国罪弹劾斯特拉福德伯爵托马斯·温特沃斯。约翰·皮姆不仅是在谴责斯特拉福德伯爵托马斯·温特沃斯个人，也是在抨击斯特拉福德伯爵托马斯·温特沃斯主张的整个体制。约翰·皮姆呼吁人们接受用法治取代人治的思想。弹劾提议呈递给了上议院。议员们收到弹劾斯特拉福德伯爵托马斯·温特沃斯的消息时，斯特拉福德伯爵托马斯·温特沃斯正好走进议会大厅。一时之间，议员们纷纷发难，让他根本无法就座。斯特拉福德伯爵托马斯·温特沃斯走出议会大厅，立即被投入了大牢。查理一世身边的其他主要官员纷纷逃往国外避难去了。威廉·劳德没有逃走，后来被关进了伦敦塔。不过，当时，人们没有要求将他马上处死。

1641年3月22日，斯特拉福德伯爵托马斯·温特沃斯在威斯敏斯特的议会大厅接受了公开审判。查理一世和亨利埃塔·玛丽亚王后躲在一个隔间里偷听了整个审判过程。下议院列出了斯特拉福德伯爵托马斯·温特沃斯的种种罪行，斯特拉福德伯爵托马斯·温特沃斯的目的是要推翻英格兰现行的宪政制度。然而，看过这一长串罪行后，有人怀疑能否凭这些将斯特拉福德伯爵托马斯·温特沃斯定为叛国罪。叛国罪是爱德华三世时期法令中列出的罪名，但斯特拉福德伯爵托马斯·温特沃斯的所有罪行都不太符合当时法令中列出的叛国罪。小亨利·范恩爵士在父亲

审判斯特拉福德伯爵托马斯·温特沃斯

小亨利·范恩爵士

国务大臣老亨利·范恩的文件中翻出了一份斯特拉福德伯爵托马斯·温特沃斯在短期议会解散时撰写的一篇演讲稿。在演讲稿中，斯特拉福德伯爵托马斯·温特沃斯说查理一世"疏于国家管理"。他还说："虽然陛下您已经想尽各种办法，但这些办法均遭到了议会拒绝。您应该有所担当，完全可以调遣驻守爱尔兰的军队去征服那个王国。我认为，苏格兰人坚持不了三个月。"要想从这番话中找出叛国的罪名，首先需要说明这里的"王国"是指英格兰而非苏格兰——但这种说明很难令人信服，然后再指出进攻英格兰会构成叛国罪。

下议院很清楚上议院会在叛国罪量刑的合法性问题上举棋不定。于是，下议院放弃了弹劾计划，转而启用《褫夺公民权利法案》来惩罚斯特拉福德伯爵托马斯·温特沃斯。弹劾案要求由上议院议员担任法官，从某种程度上讲，最终的判罚还必须符合法律规则，而《褫夺公民权利法案》是经国王同意后由上议院和下议院通过的，在依照该法案定罪量刑时无须提供其他特殊的理由。约翰·皮姆深谙法律，力主将斯特拉福德伯爵托马斯·温特沃斯的行为定为叛国罪。约翰·皮姆指出，叛国罪不是指对国王本人的冒犯，而是指对国王代表的英格兰的冒犯，攻击英格兰就是对国王最严重的冒犯。但约翰·皮姆的这番理论并未说服上议院。下议院投票通过了依据《褫夺公民权利法案》给斯特拉福德伯爵托马斯·温特沃斯定罪的决议。上议院虽然不愿将斯特拉福德伯爵托马斯·温特沃斯定为叛国者，但并不反对将他定为人民的敌人。1641年5月8日，上议院和下议院判斯特拉福德伯爵托马斯·温特沃斯犯剥夺公民权利罪。

斯特拉福德伯爵托马斯·温特沃斯虽然成了人民的公敌，但至少还有查理一世这个朋友。他到伦敦赴任时，查理一世曾向他保证，没人敢动他半根毫毛。然而，事实上查理一世根本救不了他，甚至没有尝试着去救他。查理一世完全忽视了民意，没有料到人民对惩处斯特拉福德伯爵托马斯·温特沃斯的意愿如此坚决。一番犹豫不决之后，查理一世选择了不作为。在民意面前，查理一世选择了退缩。于是，他最忠诚的支持者被送上了断头台。

人民的公敌斯特拉福德伯爵托马斯·温特沃斯被判死刑。都铎王朝的宪政制度建立在国王与议会相互合作的基础之上。但查理一世不仅抛弃了下议院，还抛弃了下议院代表的英格兰人民。为了实现查理一世无视民意还能统治英格兰的目的，斯特拉福德伯爵托马斯·温特沃斯已经拼尽了全力，但他始终都没弄明白一个道理，即井然有序的政府管理是需要考虑民意的，而不能仅仅遵从某一个人的意志。斯特拉福德伯爵托马斯·温特沃斯总是对议会议员吹毛求疵，却一再掩盖查理一世犯的种

斯特拉福德伯爵托马斯·温特沃斯被送上断头台

种错误。直到被查理一世抛弃那一刻,斯特拉福德伯爵托马斯·温特沃斯才得到了教训。不过,一切为时已晚。走上断头台时,斯特拉福德伯爵托马斯·温特沃斯摇着头说:"君主也不可信呀!"1641年5月12日,斧头落下,这位效忠君主的政治家永远失去了影响世界发展的机会。

第26章
下议院的诉求

精彩看点

王室遭受接二连三的打击——议会的诉求逐一得到落实——政治问题大体上得到了解决——限制主教插手世俗事务的法案——《根枝法案》——福克兰勋爵卢修斯·凯里主张的妥协政策

约翰·皮姆呼唤法治观念的做法没有问题。不过，下议院起初关心的并不是法律问题。实际上，自处决斯特拉福德伯爵托马斯·温特沃斯之日起，英格兰便爆发了内战——王室和下议院围绕最高权力展开了争夺。要回答谁应该拥有最高权力这个问题，就要综合考虑历史事实和现实情况。用15世纪或19世纪的宪政标准去评判当时议会的行为是毫无意义的。质问议会为什么不是限制而是剥夺国王的权力也是没有意义的。因为查理一世继位后拒不接受议会对其权力的限制，所以议会只好剥夺他的权力了。

英格兰王室遭受了接二连三的打击。在受到苏格兰军队威胁的情况下，1641年2月英格兰王室批准了下议院提出的一项法案，即英格兰议会应该至少三年内进行一次议员换届选举。1641年5月，查理一世又同意了下议院的一项诉求，即在未征求议会意见的情况下不得解散议会。该诉求让下议院的权力可以不受其他势力的影响。虽然议会自由行使权力平时可能会给英格兰带来一些问题，但要想拥有最高权力，议会就必须首先拥有这样的自由。查理一世用来控制国家和人民的法宝一件接一件地被剥夺了。议会宣布：国王征收造船税是非法的；未经议会同意，国王不得征收吨税和磅税。星室法庭和高等宗教事务法庭相继被取消了。因此，查理一世以后只能向议会申请王室开支,不能再任意囚禁臣民了。对臣民的惩罚必须有法律依据,并且多数情况下要严格遵守陪审团制度。

1641年7月,议会的诉求逐一得到了落实。1641年8月,查理一世与苏格兰人签署了和约。拿到赔款的苏格兰军队向北撤回了边境,士兵们都返回了自己的家园。

为什么下议院议员还不满意呢?因为他们认为查理一世不会信守诺言。查理一世早已习惯了独揽大权、一手遮天的生活。他没有一丝远见,只要手里还握着一点点权力,就不可能谦虚、谨慎地行事。因此,下议院议员想象不出查理一世会甘愿接受权力被完全剥夺的现实。他虽然可能不会直接去废除那些他亲自批准通过的法令,但极有可能会通过数以百计间接的方式将手中的权力碎片重新整合起来,之后再次强迫英格兰人民接受他的意志。

如果下议院和查理一世之间以前没有发生过实质性的冲突,下议院就不会怀疑查理一世还有可能会干什么蠢事。目前,政治问题大体上得到了解决,但宗教问题仍悬而未决。查理一世仍然认为威廉·劳德做的一切都是正确的,而下议院认为威廉·劳德做的一切都是错误的。这可不仅仅是理论上的冲突。虽然威廉·劳德被关进了伦敦塔,但其他主教还在各司其职。除非采取必要措施剥夺主教的权力,否则他们就会利用原有的影响做出一些在下议院看来非常邪恶的事情。需要出台法律来废止新创的宗教规定,比如,将圣餐桌再搬回原先的位置,废除那些冒犯清教徒的宗教仪式等。然而,一定要找到能真正限制主教权力的办法,唯有如此才能在很大程度上确保新通过的法律真正生效,而不是流于书面的一纸空文。有下议院的指引,教会肯定会体现出某种程度的清教教义,而这样的教会绝不能由威廉·劳德派系的主教去管理。

下议院实施了部分行动计划。1641年3月,下议院向议会递交了一份限制主教插手世俗事务的法案。如果议会通过该法案,主教们就不可再在枢密院或上议院任职了。1641年6月，上议院以绝大多数反对票否决了该法案。但下议院并未气馁，又提交了一份所谓的《根枝法案》，要求连根带枝彻底废除主教制下的各种教职。

反对下议院所提法案的并非只有威廉·劳德派系的朋友。上议院和下议院中存在着强大的中间派，中间派希望看到一种折中的方案，即在教会管理上变主教独断专行的模式为主教和教区牧师共同分享权力的模式。

温和派代表人物是温文尔雅的福克兰勋爵卢修斯·凯里。福克兰勋爵卢修斯·凯里早年曾服过兵役，后"回归故里，专注学问"，不久便因学识而声名远播。"他博闻强记，精通多种语言，学识渊博。人们觉

福克兰勋爵卢修斯·凯里

得他时刻与书为伍,不是在阅读就是在写作。他同时拥有仁爱之心,对人总是彬彬有礼、和蔼可亲。他仿佛受到过世上最好的宫廷教育,但他乐善好施的品行远非宫廷教育能培养出来的。"人们之所以能记住福克兰勋爵卢修斯·凯里的名字,不是因为他学识渊博,也不是因为他善良仁慈。他在格雷特伍村的住所离牛津只有几英里,常有聪明睿智之士前来,与他交流思想。这些人虽然都支持威廉·劳德反对清教徒的教义,但对威廉·劳德的专制行为极其反感。宽容派基督徒威廉·奇林沃斯经常来拜访福克兰勋爵卢修斯·凯里;教会复辟派主要人物谢尔顿和莫利也常来他家里;当时许多诗人是他的常客。福克兰勋爵卢修斯·凯里总是慷慨地以礼相待,尽其所能帮助他们。这些人来到格雷特伍村后发现,"他们

威廉·奇林沃斯

爱德华·海德

的住宿条件堪比大学的住宿条件，主人不知道他们来去的具体时间，也不关心他们来自何方，只有在进餐时才会与他们碰面。来这里的人可以不拘小节，行为不受任何约束，待的时间长也不会生厌。他们能在良好的氛围中学习，在书房里找到梦寐以求的好书，碰到志同道合的人。"

爱德华·海德是后来查理二世统治时期的大法官，也是影响了四代英格兰人的史学教材《大起义史》的作者，他就很难接受让主教与教区牧师在权力上相互妥协的建议。他的思想远没有福克兰勋爵卢修斯·凯里的思想开放和自由。

身处和平时期的人们回顾过去战乱的痛苦日子后，一定会认为福克兰勋爵卢修斯·凯里主张的妥协政策是明智之举。但令人怀疑的是，对立的双方能否真的妥协。主教由国王任命是当时的实际情况，其主要任务是维持英格兰国教的秩序，清除不利于维持秩序的所有因素。在主教身边安排与他们观点截然相反的人来共同管理宗教事务，会导致无政府状态出现，除非先罢免原有的主教，然后再根据下议院所提原则提名一批新主教，否则相互妥协的方案终将无法实现。温和派的缺点是提不出确实可行的计划，而且即便提出了某种计划，但该计划如果不能确保清教徒至高无上的地位，过去遭受过不公正待遇的人们就不会接受。议会和查理一世之间的斗争暂时搁置了一段时间。查理一世在宣布出访苏格兰的计划后，议会出台法令，废除了威廉·劳德在英格兰推行的宗教新规。随后，议会宣布休会六周，直至1641年10月20日。

　　查理一世原本可以借助自身的权力强化温和派的观点。如果他一开始就给人们留下愿意接受相互妥协方案的印象，那么事态就会向好的方向发展。但事实上，他没能也不愿坦然接受相互妥协的方案，因此无法赢得下议院的信任。约翰·皮姆认为查理一世只是将温和派的方案当作其恢复权力的手段，所以要求他拿出更多的保证措施。查理一世将一些支持下议院的人调入了枢密院，把福克兰勋爵卢修斯·凯里和爱德华·海德安排到关键部门任职。然而，查理一世这样做是徒劳无益的，因为约翰·皮姆早已将他的心思看穿，知道他仍会按自己的意愿行事，不可能听取福克兰勋爵卢修斯·凯里和爱德华·海德的意见。

第27章
议会与查理一世决裂

精彩看点

查理一世与阿盖尔侯爵阿奇博尔德·坎贝尔妥协——爱尔兰北方地区发生暴乱——英格兰迫切需要一个政府来实现自我管理——《大抗议书》——查理一世决定逮捕反对派领导人

苏格兰方面传来的消息令人震惊。苏格兰当前的精神领袖是阿盖尔侯爵阿奇博尔德·坎贝尔。阿盖尔侯爵阿奇博尔德·坎贝尔虽然军事能力有限,但拥有非凡的政治才干。凭借出众的政治才干,阿盖尔侯爵

阿盖尔侯爵阿奇博尔德·坎贝尔

阿奇博尔德·坎贝尔将苏格兰人民紧紧地团结了起来，共同抵制查理一世的专制统治。年轻暴躁的苏格兰贵族蒙特罗斯伯爵詹姆斯·格拉汉姆不服阿盖尔侯爵阿奇博尔德·坎贝尔，私下勾结查理一世，告发阿盖尔侯爵阿奇博尔德·坎贝尔犯有叛国罪。但查理一世还未到苏格兰，蒙特罗斯伯爵詹姆斯·格拉汉姆就被抓进了大牢。有传言说，蒙特罗斯伯爵詹姆斯·格拉汉姆到爱丁堡不久，便开始密谋杀害或绑架阿盖尔侯爵阿奇博尔德·坎贝尔及其主要追随者，查理一世也是他的目标。虽然传言不可考证，但结果是查理一世选择了相信阿盖尔侯爵阿奇博尔德·坎贝尔。苏格兰政府的所有职位全部换成了阿盖尔侯爵阿奇博尔德·坎贝尔

蒙特罗斯伯爵詹姆斯·格拉汉姆

的支持者。作为回报，阿盖尔侯爵阿奇博尔德·坎贝尔向查理一世保证，苏格兰绝不会再插手英格兰的宗教斗争。

与来自苏格兰方面的消息相比，1641年11月1日在伦敦流传的来自爱尔兰方面的消息更令人震惊。斯特拉福德伯爵托马斯·温特沃斯离开爱尔兰后，爱尔兰北方地区发生了严重暴乱。曾深受压迫的凯尔特人将愤怒的情绪全部发泄到了英格兰移民和苏格兰的移民身上。谋杀甚至比谋杀更残暴的行为在殖民区轮番上演。虽然消息可能言过其实，但英格兰所有人都相信如下传言：柔弱的女人被剥光衣服扔到户外，在寒冬里活活冻死或饿死；其他女人被赶到河里活活淹死；无辜的儿童也和成年人一样惨遭屠杀；在屠杀中幸免于难的人流离失所，最终还是以死结束了所有痛苦。在这场浩劫中，英格兰受害者至少达三万人。

英格兰国内发出了强烈的复仇呼声，人们的情绪就像今天我们听到印度兵变①消息后的情绪一样。不过，人们愤怒的情绪中夹杂着对查理一世的质疑。一直以来，查理一世都在苏格兰做着令人匪夷所思的事情。他在爱尔兰还能干出什么好事来？他手里握有一支镇压爱尔兰叛乱的军队，人们怎么会再相信他？他很有可能会用这支军队武力推翻英格兰议会。从某种程度上讲，这些怀疑可能有些夸张，但确实是有事实根据的。毫无疑问，手握军队的查理一世是不会再容忍约翰·皮姆的，也不可能让福克兰勋爵卢修斯·凯里和爱德华·海德一直留在枢密院。现在的英格兰迫切需要一个政府来实现自我管理。组建这样的政府已不再是查理一世一个人就能说了算的。他一贯独断专行，根本不考虑人民的意愿和情感；他对待温和派的态度就像对待最残暴的敌人一样冷酷无情。因此，除掉查理一世，换他人来治国，已经刻不容缓了。

---

① 印度兵变是1857年印度反对英国殖民统治的一次重要起义。起义爆发的原因是为英国服役的印度士兵认为新式步枪使用的润滑剂是动物油，而动物油是印度教深恶痛绝的东西。这次起义极大地鼓舞了印度人民争取民族独立的信心。——译者注

然而，打蛇还须打七寸。那些一心想推翻查理一世的人应该睁大眼睛，找到查理一世的软肋后再下手。现在，他们只需发布一份宣言，揭露查理一世过去的斑斑劣迹即可。这样一来，英格兰人民就明白为什么查理一世不值得信任。于是，约翰·皮姆起草了《大抗议书》，向公众列举了查理一世登基以来犯下的种种罪行。其中，虽然有的罪行言过其实，有的罪行有待商榷，但总体上还是客观反映了查理一世登基十几年来的所作所为。人们一般会认为，过去表现如此糟糕的国王将来也不会治理好整个国家。当然不少人还一厢情愿地认为，查理一世一定会痛改前非，励精图治，变为明君。

同意《大抗议书》的内容实质上就是给查理一世投了不信任票。对此，下议院内部展开了漫长而激烈的辩论。从旭日东升到日薄西山，辩论一直持续着，没有最终结果。夜幕降临，议会大楼里点起了蜡烛。在英格兰历史上的危急关头，似乎没有人敢轻易说出早就想说的话。午夜过后，最终的表决时刻到了。十一位议员公开反对国王，其中一位议员提议马上印制《大抗议书》，并在人民中间散发，以呼吁人民支持下议院大多数议员不信任国王的决定。温和派议员明确表示反对该提议，这一前所未有的态度让整个下议院骚动起来。有的议员甚至从腰间拔出长剑，准备动武。约翰·汉普敦凭借自己的威望安抚了双方的情绪，事态才没有进一步恶化。

五天后，查理一世回到了伦敦。伦敦市民中一部分人坚定地支持下议院中少数派的立场。在查理一世前往市政大厅赴宴时，他们夹道向他表示欢迎。查理一世必须让市民感到他是值得信任的，但人们对他的信任不久就发生了惊天大逆转。

下议院向查理一世提出的条件极其苛刻。查理一世克制着情绪，听完《大抗议书》对他的控诉，但并未承诺将来会一改过去的做法，而且他的言辞中处处流露着不愿屈居议会之下的态度。1641年12月14日，下议院下令印发《大抗议书》。随后，查理一世就大多数清教徒关心的宗教改革问题进行了回答。不过，他的态度极其不屑和敷衍。

查理一世总认为民意是受少数别有用心之人诱导的，从来也不明白考虑民意有多么重要。一直到现在，他都没有吸取教训。他发现，反对派领导人的某些做法已经触犯了他内心的底线。上议院的金博尔顿勋爵爱德华·蒙塔古和下议院的约翰·皮姆、约翰·汉普敦、阿瑟·黑泽尔里格、霍利斯、斯特劳德等人与苏格兰人暗中勾结。从法律意义上讲，他们犯了叛国罪。1642年1月3日，查理一世命令总检察长埃德蒙·普里多在上议院审判他们。反对派领导人如果都被囚禁到伦敦塔，那么对查理一世的抵制就暂时不会造成太大的影响。

金博尔顿勋爵爱德华·蒙塔古

人们一直认为查理一世处理事情的方式是有问题的。他如果还不改变做事方式，就会在随后的抵制运动中丢掉王位。当下议院不同意逮捕上述反对派领导人时，查理一世决定在1642年1月4日亲自前往抓捕他们。亨利埃塔·玛丽亚王后一再鼓励他果断行动。她说："快去吧，拿出点勇气来。揪住那些坏蛋的耳朵，把他们都拉出来。"查理一世带领着五百名武装随从赶到了下议院。他让随从留在门口，自己迅速走到议长威廉·伦索尔面前，说他来这里是抓叛国者的。涉及叛国案需要监禁嫌疑人时，议会无权为嫌疑人辩护。查理一世环顾四周后，没看到五名反叛者，于是就问下议院议长威廉·伦索尔那五个人在不在场。威廉·伦索尔恭敬地跪在他面前说："陛下，我代表整个下议院告诉您，我虽有眼

威廉·伦索尔

威廉·伦索尔恭敬地跪在查理一世面前

睛但什么也没看见,虽有舌头但什么也不能说。"查理一世气愤地说:"好啊,算你有种,不过没关系,我自己长着眼睛呢。"然而,经过一番搜查后他才知道自己这趟白来了。"我知道这几只鸟儿都飞走了。但我还是希望他们回来时你能把他们送来,否则我会亲自将他们抓捕归案。"查理一世走向门外时,议员们在他身后高喊着"赦免!赦免!"

毫无疑问,查理一世认为自己在合理地行使王权。他认为那些忤逆者不仅犯有叛国罪,实际上在破坏英格兰的宪政制度,妄图让下议院拥有高于王室的权力。但从法律角度讲,查理一世的观点是站不住脚的。既然他能长期不听取议会的谏言而统治英格兰,为什么议会就不能抛开他去接管英格兰呢？约翰·皮姆对查理一世的判断要比福克兰勋爵卢修斯·凯里准确，即查理一世只有在不得已的情况下才会接受新秩序。

  查理一世企图用武力胁迫下议院的做法完全超出了民众的想象。被指控的反对派领袖提前得到消息，躲进了伦敦城内。所有下议院议员随后也进了伦敦城，每天都在市政大厅值守。几周前还在热烈欢迎查理一世的伦敦市民现在都坚定地站在了下议院议员一边，自发携带武器将他们保护起来。1642年1月16日，查理一世放弃抓捕行动，离开了白厅；他再次回来时，就将沦为阶下囚。下议院议员高高兴兴地返回了威斯敏斯特。

  现在，争夺最高权力的斗争形式非常简单。虽然英格兰没有常备军，但训练有素的民兵可以担负保卫家园的重任。一直以来，军官都是由国王任命的，但现在议会要求拥有提名军官的权力。接下来的好几个月，查理一世和议会针锋相对，展开了激烈争辩。但双方争辩的焦点不是宪政制度，而是谁来管理英格兰的问题。双方均不愿放弃自己的立场，认为只有自己的主张才有道理。

第28章

内战爆发

精彩看点

保守思想与下议院多数派态度的转变——查理一世可以依赖的力量——支持王党军和支持议会军的地区——埃塞克斯伯爵罗伯特·德弗罗担任议会军总司令——鲁珀特亲王——奥利弗·克伦威尔的精锐部队——纽伯里战役

下议院多数派的态度一开始强硬，但最终还是变得软弱，这是其保守思想在作怪。人们之所以抵制查理一世及其任命的主教，是因为他们一直在强制推行一套令人反感的宗教仪式。只要英格兰还有威廉·劳德派系宗教思想的残余，以福克兰勋爵卢修斯·凯里为代表提出的妥协方案就难以实现。下议院的多数派在《大抗议书》中宣称："在教会管理上不讲规章，放松要求，任凭个人或会众按自己喜欢的方式做礼拜，这远非我们的初衷。相反，我们认为，必须按照上帝的旨意，在整个王国建立一套有章可循的统一制度。不过，我们希望新的制度能取消一些不必要的仪式，严禁华而不实的创新，跳出偶像崇拜的窠臼。"为此，英格兰应该召开一次宗教大会，"邀请英格兰德高望重、学识渊博、虔诚聪慧的神职人员参加讨论，并邀请与我们信仰相同的岛外神职领袖前来指导。"查理一世上台后，英格兰是无言论自由可言的。自1629年以来，《大抗议书》的起草者在教会改革上没有任何作为。非要说有什么作为的话，那就是他们在尽力避免动静过大的改革发生。与约翰·皮姆不同，福克兰勋爵卢修斯·凯里一贯主张接受教会新规并与查理一世妥协的做法，而与查理一世妥协的做法让下议院失去了少有的主动权。

事实上，一旦内战爆发，查理一世可以依赖的力量不是福克兰勋爵卢修斯·凯里等下议院少数派人士。一支善于冲锋陷阵的骑兵比福克兰勋爵卢修斯·凯里和大法官爱德华·海德的雄辩口才更有用。查理一世的优势不仅体现在武装力量上，还体现在他拥有一批死心塌地的效忠者。一个忠心耿耿的人说："如果国王的王冠挂到了灌木之上，我会不惜牺牲性命将其夺回，誓死捍卫王权的尊严。"效忠者完全凭感情用事，根本不会从理性的角度去考虑查理一世的所作所为到底有没有问题。埃德蒙·维尔尼爵士就是这样一名保王党成员。他对爱德华·海德

埃德蒙·维尔尼爵士

说:"你认为你有权建议陛下该做什么或不该做什么,乐此不疲地履行自己的职责。但从我个人角度讲,我不想看到陛下和下议院之间有任何争吵和矛盾发生,我衷心希望陛下能做出让步,满足下议院的一些要求。此外,我只想怀着感恩和荣幸的心情效忠陛下。我已经侍奉王室近十年了,一直拿着王室的俸禄。因此,我绝不会做出背叛陛下的事情来。我宁愿献出自己的生命,也不会违背自己的良心。不过说实话,我对主教们并无多少好感,毕竟现在的矛盾皆因他们而起。"

想要保留过去制度的保守派与想要保留精神信仰的保守派就这样对立了起来。1642年8月22日,查理一世在诺丁汉拉起了一支部队,号召效忠者和他一道讨伐议会的反叛分子。上议院大部分议员和下议院少数派议员都加入了国王的阵营。英格兰内战就此打响。

诺丁汉

支持王党军和支持议会军的地区之间没有特别明显的分界线。大体而言，英格兰西北地区的民众大多支持王党军。这里的人口密度和文明程度都很低，虽然盛产煤和铁，但对英格兰国库的贡献几乎为零。英格兰东南地区的民众大多支持议会军。这里土地肥沃，商业及制造业发达，是英格兰最富裕的地区。

议会任命埃塞克斯伯爵罗伯特·德弗罗为议会军总司令。埃塞克斯伯爵罗伯特·德弗罗声望颇高，做事沉稳，头脑清醒。不过，他如果再聪明一些，就明白乘胜追击有多么重要了。1642年9月22日，王党军和议会军在波威克桥首次交战，王党军大获全胜。查理一世率军一路南下，希望能在白厅欢度圣诞节。

埃塞克斯伯爵罗伯特·德弗罗率军在埃吉希尔截断了王党军的去路。1642年10月23日，真正意义上的第一场战役打响了，但双方未分胜

埃塞克斯伯爵罗伯特·德弗罗率军在埃吉希尔截断了王党军的去路

鲁珀特亲王

负。查理一世的外甥鲁珀特亲王——伊丽莎白公主和巴拉丁选帝侯腓特烈五世之子——率领一支英勇的骑兵冲破了议会军的防线。但王党军的步兵不敌议会军的步兵,鲁珀特亲王只得折返用骑兵克敌。不久,王党军便在战斗中占了上风。谨慎的埃塞克斯伯爵罗伯特·德弗罗率议会军慢慢撤退,而查理一世率王党军紧追不舍。1642年11月12日上午,王党军抵达了布伦特福德。

菲利普·斯基篷

伦敦告急！但危难之时方显英雄本色，曾驰骋于神圣罗马帝国战场的菲利普·斯基篷率领伦敦民兵赶往滕汉姆格林御敌。前进的过程中，菲利普·斯基篷不断鼓舞士兵："勇士们，让我们虔诚地祈祷，勇敢地战斗吧，为上帝，为我们自己，为我们的妻子儿女。"1642年11月13日，两军对峙了整整一天。最终，查理一世下令撤退，此后再也没有攻入伦敦的机会了。

议会军一直等待的天才领袖终于出现了，他就是曾就读于剑桥大学并深受清教思想影响的奥利弗·克伦威尔！奥利弗·克伦威尔对威廉·劳德强制推行的主教制度深恶痛绝，非常反感那些形式奢华的教堂仪式。他认为那些教堂仪式就如同藩篱一样，硬生生地将他与上帝分开了。对他而言，上帝存在于基督徒传颂《圣经》的话语中。拥有强烈的正义感，始终将穷人和被压迫者的疾苦放在心上，这便是奥利弗·克伦威尔的人格魅力所在。即使在清教徒饱受压迫几乎没有任何发言权的岁月里，他也在为改善弱势群体的处境而奔走请命。当选为长期议会议员后，他更是全身心地投入工作之中。他不是一名理想主义者，其他历史时期的英格兰或者其他国家也许需要理想主义，但目前的英格兰并不需要。奥利弗·克伦威尔正在完成一项非常紧迫的任务——把英格兰从查理一世及其任命的主教手中拯救出来。他清楚，查理一世如果还拥有王权，就会继续任命主教，继续在英格兰实施暴政。福克兰勋爵卢修斯·凯里就不明白这一点。奥利弗·克伦威尔行事有明确的目标，并且没有人能比他清楚如何去实现这些目标。也没有人像他那样务实地工作，还可以为了实现目标而采用非常规的工作方式。

奥利弗·克伦威尔一眼就看出了议会军的问题所在。他对约翰·汉普敦说："看一下你手下都是些什么人，他们大都是佣人和酒保等不入流之人。再看一下敌人的队伍，绅士出身，年轻力壮，战术素养极高。你觉得你这帮散兵游勇能敌得过训练有素的敌人吗？他们有士兵该有的勇气、荣誉感和必胜决心吗？不要嫌我说话难听，你必须重点培养士兵的骑士精神。只有这样，你的部队才能和敌人血战到底，否则只能屡战屡败。"约翰·汉普敦无奈地摇了摇头，奥利弗·克伦威尔的建议虽然好，但不切实际。在所有事情上，清教徒都秉持一种务实的精神。约翰·弥尔顿认为，最美丽的女子是那些内心高洁的人；奥利弗·克伦威尔则认为，最勇敢的士兵是内心强大的人。

奥利弗·克伦威尔不顾约翰·汉普敦的怀疑，坚定不移地实施自己的想法。无论在担任上尉期间，还是在晋升上校后，奥利弗·克伦威尔都要求手下心系使命，并严格遵守军纪。不久，他便训练出一支精锐部

查理一世在滕汉姆格林战场

滕汉姆格林战役

队。他曾在一封信中写道:"我的部队正在发展壮大,表现非常优秀。见了我的部队,你也会肃然起敬。"

整个1643年,战争一直持续,但双方都没有取得决定性胜利。查理一世把王党军大本营搬到了牛津。王党军虽然失去了对雷丁的控制,但在朗德威德昂打了胜仗,并在1643年7月前控制了布里斯托。德文郡、萨默塞特郡、多塞特郡、威尔特郡和汉普郡北部地区也都处于王党军的控制之下。约翰·汉普敦在一次战斗中被流弹击中而丧生后,王党军开始围攻格洛斯特,满怀信心地要剿灭其后方所有敌人。威斯敏斯特议会上议院和下议院开始犹豫要不要和查理一世议和,但武装市民不断向议会施压。威斯敏斯特议会上议院和下议院打消了这样的念头,毕竟议和

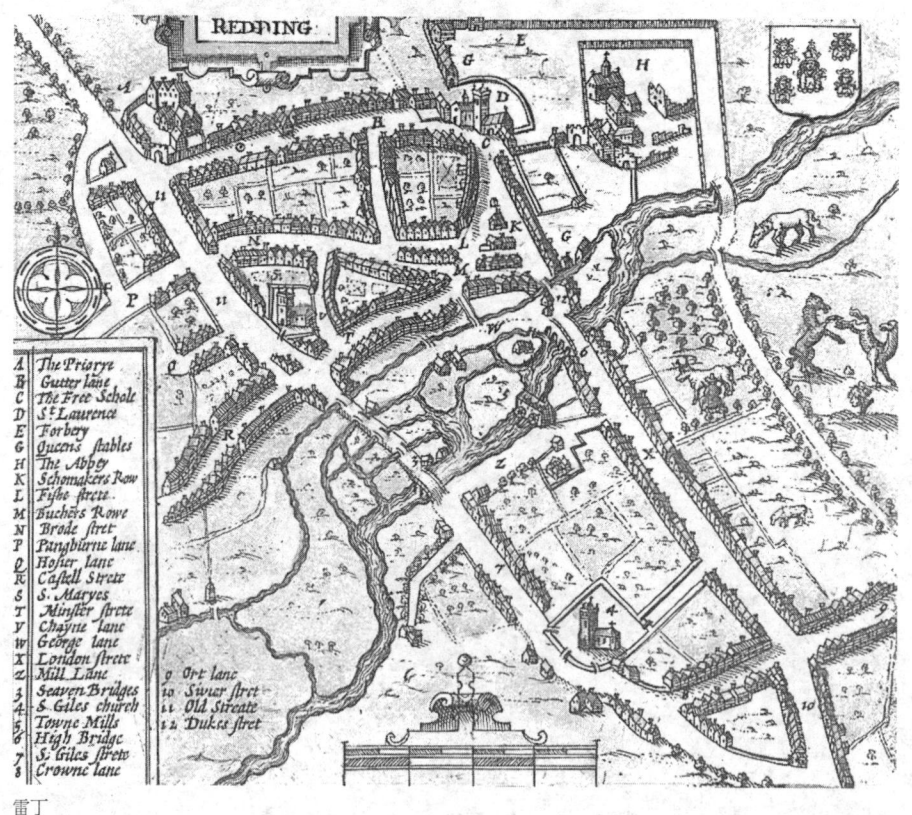

雷丁

朗德威德昂战役

就意味着必须放弃正在力争的权利。如果当时格洛斯特沦陷，英格兰内战很可能就画上了句号。但埃塞克斯伯爵罗伯特·德弗罗率军冒险前来格洛斯特解围。获知消息的王党军不再围城，转移到纽伯里，等待埃塞克斯伯爵罗伯特·德弗罗到来。第一次纽伯里战役就这样打响了，但双方都未能取得压倒性胜利，战斗也未能阻止埃塞克斯伯爵罗伯特·德弗罗向格洛斯特挺进的步伐。虽然格洛斯特得以解围，埃塞克斯伯爵罗伯特·德弗罗的部队也未被击败，但王党军还是控制了英格兰许多地区。

纽伯里战役虽然不是历史上的重要战役，但因福克兰勋爵卢修

第一次纽伯里战役

获胜后的埃塞克斯伯爵罗伯特·德弗罗进入格洛斯特

斯·凯里战死沙场而令人难以忘记。福克兰勋爵卢修斯·凯里一直反对战争，不愿和身边志趣不合之人共事，早已厌倦围在查理一世身边进谗言的小人。"原本活泼开朗的他慢慢变得抑郁，从未有过的伤感笼罩着他的大脑。"他的身体每况愈下，终日挂在他嘴边的只有"和平"两个字。这样的生活他彻底厌倦了！他不愿再让身边那些武夫指责自己缺乏勇气了。他感到和谈无望，就果断放弃了和平思想，英勇无畏地投入了战斗。在纽伯里战役中，福克兰勋爵卢修斯·凯里英勇献身。他高洁的灵魂无法帮助人们战胜世间的邪恶。他渴望的和平时代可能要在遥远的未来才能实现。当今时代呼唤像约翰·皮姆和奥利弗·克伦威尔这样的领袖。

第29章
长老派和独立派

精彩看点

1643年7月1日宗教会议——议会军急需苏格兰人的帮助——《神圣盟约》——威廉·劳德被处死——威廉·奇林沃斯去世时发生的事情——宗教改革变得温和

1643年7月1日，宗教会议在威斯敏斯特开幕。会议的宗旨是要反对威廉·劳德的宗教仪式统一思想，并制订符合清教思想的宗教仪式。在未来一段时间内，虽然神学教义方面艰苦卓绝的辩论可能会展开，但这恰恰解释了为什么英格兰议会认为教义的统一就意味着教规的统一，而统一的教规就应该是长老会的教规。

威斯敏斯特宗教会议

第 29 章 长老派和独立派

议会军的作战并不顺利，急需苏格兰人的帮助。然而，众所周知的是，想要获得苏格兰人的帮助，英格兰必须奉行长老派教义。于是，下议院迅速宣称英格兰要皈依长老宗，这种行为不违背其改革的本心。如果不信奉国教，除长老宗外，英格兰是不可能信奉其他教派的。从前，信徒们对主教的主要控诉是他们干涉了教区神职人员的工作。因此，支持长老派的人正好借宗教会议将权力还给教区的神职人员，让他们以自己的方式去管理各自的教会。如果说还有什么问题的话，那就是，英格兰下议院坚持认为世俗权力高于神职人员的权力；而苏格兰人则认为，神权高于一切世俗权力。除此之外，英格兰议会和宗教会议都不愿意让英格兰受制于苏格兰的这种关系永远保持下去。

然而，苏格兰人的立场非常坚定。英格兰如果不实行长老会制，就得不到他们的援兵。1643年9月，英格兰议会签署了《神圣盟约》，保证要尽可能统一英格兰、苏格兰和爱尔兰的宗教信仰，并"听从上帝的旨意，以效果最好的模式"进行教会改革。据传，"听从上帝的旨意"是亨利·韦恩爵士建议写入《神圣盟约》的。亨利·韦恩爵士一向推崇思想自由。他希望能以这句话为准绳，在需要的时候可以挑出苏格兰人所提主张中有毛病的地方来。这样一来，《神圣盟约》从各方面讲都是对议会事业忠诚度的一种检验。无论议会最终争取到多大的权力，现行的威廉·劳德式宗教仪式都将不复存在。查令大街和齐普赛街上的十字架已经拆除，许多渲染迷信的画像、十字架和祭坛也都被撤走了。在威廉·劳德强行实施其主张的宗教仪式时期，许多极富中世纪艺术特色的彩绘窗户、早期古色古香的忏悔用品都难觅踪迹，人们看到的只有奢华的外在活动形式。现在，所有奢华的外在宗教形式都被禁止，凡是反对的人都遭到镇压。金博尔顿勋爵爱德华·蒙塔古被派往剑桥驱逐那些拒绝接受《神圣盟约》的人。牛津的宗教活动暂时未受到影响。

领导下议院工作的一直是约翰·皮姆。英格兰历史上很难再找到一

亨利·韦恩爵士

个像他一样适合这份工作的人。约翰·皮姆生性保守，对新鲜而陌生的思想有一种与生俱来的反感，最适合担任这场革命的领导人，因为这场革命的目的就是要尽可能地保留教会和国家的现有制度。为完成这样的使命，约翰·皮姆始终保持着旺盛的精力。他不仅有很强的商业能力，还精通金融知识，在人际交往上也游刃有余，影响了一大批思想上摇摆不定的人。不过，后来下议院中虽然仍有人或崇拜或戏谑地称他为"皮姆王"，但很少有人再听他的话。1643年12月6日，辛劳一生的约翰·皮姆与世长辞。与苏格兰结盟是他生前最后一项工作，他虽然未能目睹前来援助的苏格兰军队，但为其到来铺平了道路。

第29章 长老派和独立派 | 263

约翰·皮姆去世几周后，威廉·劳德便成了英格兰与苏格兰结盟的牺牲品。他被从暗无天日的监狱里拖出来交待罪行。他虽然年迈，但仍能冷静地为自己辩护。他一直不明白自己为什么会坐牢，不清楚人们为何痛恨自己。1645年1月10日，他继斯特拉福德伯爵托马斯·温特沃斯之后被处决。

约翰·皮姆即使再多活几年，也无法保住自己的权威。宗教会议上由五位成员组成的少数派反对处于支配地位的长老派。许多流亡到新英格兰的人满怀过好日子的梦想回到了英格兰，开始传播起了分离派或现在称之为"独立派"的教义。事实上，宗教改革运动的根源是人们不愿接受所谓正教派人士①近乎苛刻的教规。独立派认为，每个教会组织都自成一派，独立于其他教派，不受任何世俗权力的干涉。在长老派看来，这种观点简直不可思议，因为它一直认为统一的教义才是解决人世诸多烦恼的灵丹妙药。难道清教主义一定要鼓励人们自立门派，狂热地大搞宗教分裂吗？难道每个人的宗教信仰都必须自成一派吗？何况潜在的危险不仅仅是理论上的！浸礼会②的观点大行其道就让正教派深感震惊。唯信仰论在侵入人心，鼓励基督徒依靠信仰完成自我救赎，不必在道德上、法律上约束自己。其他教派的教义更是教坏了人。一位苏格兰长老派人士气愤地说道："漠视生死，否认天使与魔鬼，抛弃圣礼，亵渎神灵，此类恶举，数不胜数。"

虽然教派分裂确实危险，但长老派的某些做法令人难以接受。威廉·奇林沃斯去世时发生的事情就是一例。和福克兰勋爵卢修斯·凯里一样，威廉·奇林沃斯不愿受制于清教徒，便躲到查理一世的军营里避难。后来，威廉·奇林沃斯在阿伦德尔被议会军俘虏。当时，他重病在

---

① 指反对宗教改革、坚持保留原来宗教仪式等传教的人。——译者注
② 浸礼会是17世纪从英格兰清教之独立派中分离出来的宗教派系，因其信徒的洗礼方式全身浸入水中而得名。浸礼会反对婴儿受洗，坚持成年人才能受洗礼。——译者注

审判威廉·劳德

身，无法跟随议会军返回伦敦。在奇切斯特，病入膏肓的威廉·奇林沃斯还受到了威斯敏斯特宗教会议成员弗朗西斯·切内尔的精神折磨，无法安息。弗朗西斯·切内尔是一位"狂热刻板、尊崇正统的长老派信徒，坚信并非所有人都能进入天堂"。他牢记使徒的说教"严厉地批评他们，他们才会有无瑕的信仰"，把垂死的威廉·奇林沃斯痛批了一番。威廉·奇林沃斯的宽容仁慈是弗朗西斯·切内尔无法忍受的。弗朗西斯·切内尔说："我真想知道，难道他认为土耳其穆斯林、浸礼会教徒或索奇尼派[①]教徒都能得到救赎吗？他总是说——不为他们脱责，但也不谴责他们。"弗朗西斯·切内尔简直无法容忍威廉·奇林沃斯这种放任的态度，对他说："先生，你对土耳其穆斯林、索奇尼派教徒和浸礼会教徒太宽容了。我怕你反倒容不下真正经历改革的新教徒。"1644年1月，威廉·奇林沃斯这位伟大的宗教自由主义者安详地闭上了眼睛，但他的葬礼只能在奇切斯特大教堂外举行。弗朗西斯·切内尔出席了他的葬礼，把他的主要著作《新教徒的宗教信仰》扔进了坟墓。弗朗西斯·切内尔傲慢地说道："他们为他的尸体下葬，我负责埋葬他犯下的错误。这些错误就写在这本影响范围虽广但毫无价值的书中。对英格兰而言，把这样的书埋于地下实为幸事。快消失吧！蛊惑人心的邪书，多少人被你虏去了灵魂；归入尘土吧！腐化的邪书，和你的作者一起入土！"

　　对不影响英格兰外部统一的其他神学信仰持宽容态度并不意味着必须建立新的教义。在托马斯·莫尔爵士等开明之士的影响下，宗教改革变得温和了许多，这一点从反对加尔文清教思想的著作中可见一斑。博学的理查德·胡克在自己的著作中阐明，任何人在解释神学思想时都不可能永远完全正确，所以对其他人的解释理应持宽容的态度。他甚至称，就连威廉·劳德也无法用语言说清楚神学真理到底是什么。在这

[①] 索奇尼派是16世纪末17世纪上半叶在波兰流行的宗教派系。它强调理性的力量，非常重视对人的教育和启蒙，积极推进了自然科学知识的传播。——译者注

弗朗西斯·切内尔少将威廉·奇林沃斯的著作扔进坟墓

些开明神学家思想的影响下,威廉·奇林沃斯对宗教宽容的理解更加深刻。但如今宣扬宗教自由的人在解决问题时选择了相反的道路。威廉·奇林沃斯从没想分裂教会。他和托马斯·莫尔爵士都认为不同教派的人可以一起礼拜,可以保持各自独立的思想,但如今的宗教自由者想在内在和外在两方面都抛弃统一的形式。

　　普通的清教主义者产生警觉也就不足为奇了。表面上看起来令人痛恨的新教义,实际上为时事所需。议会要拥有至高无上的权力,就须改变政治常态。长老派要想取得支配性地位,就须改变教会常态。查理一世及其顾问团要想进行政府管理,就需要有解决国家事务的专门知识和能力。主教要想进行教会管理,至少需要有解决宗教事务的专门知识和能力。如果新闻出版或讲坛布道没有了言论自由,那么国家或教会就听不到真正的民意。扼杀新的思想相当于切断了下一代发展的精神命脉。我们在拔去麦田的稗子时也可能会影响麦子的长势。

第30章
马斯顿荒原战役和纳斯比战役

东部联盟——温斯比战役——苏格兰与英格兰联军投入战斗——马斯顿荒原战役——长老派地位受到威胁——第二次纽伯里战役——《自抑法》——约翰·弥尔顿与《论出版自由》——新模范军——纳斯比战役——蒙特罗斯侯爵詹姆斯·格拉汉姆的失败

议会如果对奥利弗·克伦威尔的思想完全不认同，就会对他率领并受他影响的部队有所顾虑。从教派意义上讲，奥利弗·克伦威尔不属于独立派，但长期的清教思想激励他去追求更高层次的精神生活，他对任何禁锢人们思想的做法都充满了愤慨。尽管他还没有在议会军中担任要职，但他的作战指挥能力已经慢慢得到人们的关注和认可。

1643年，奥利弗·克伦威尔部队控制的地区是议会军唯一获得决定性胜利的地区。1643年8月，诺福克郡、萨福克郡、埃塞克斯郡、剑桥郡、赫特福德郡和亨廷顿郡结成了东部联盟，共同抵抗王党军。东部联盟军队的总指挥是曼彻斯特伯爵爱德华·蒙塔古。不过，东部联盟军队的实际精神领袖是奥利弗·克伦威尔。他不仅率军彻底消灭了东部联盟地区的王党势力，还攻下了林肯郡，并于1643年10月11日在温斯比大败王党军，迫使王党军北方指挥官纽卡斯尔侯爵威廉·卡文迪什放弃围攻赫尔城。如果能获得增援，奥利弗·克伦威尔准备接下来进攻约克郡的王党军。

然而，这绝非一件易事。北方所有郡县几乎都被纽卡斯尔侯爵威廉·卡文迪什控制了。英勇善战的托马斯·费尔法克斯[①]虽然一直在约克

[①] 托马斯·费尔法克斯（1612—1671），英格兰军事家、政治家，英格兰第一次内战时期议会军统帅之一。作为温和派的政治家，他支持王权复辟，反对奥利弗·克伦威尔的统治。——译者注

郡周边坚守,但现在也准备放弃了,因为爱德华·蒙塔古和奥利弗·克伦威尔对他的支援实在太有限了。

不过,转机来了。《神圣盟约》签署后,一支苏格兰与英格兰联军迅速投入了战斗。利文伯爵亚历山大·莱斯利率领苏格兰军队越过英格兰边界,于1644年6月与爱德华·蒙塔古和托马斯·费尔法克斯胜利会师,接着围攻约克城。

鲁珀特亲王率领一万八千名士兵火速赶来解围,议会军见状被迫撤离。不战而胜不是英勇好战的鲁珀特亲王想要的结果。他鼓动纽卡斯尔侯爵威廉·卡文迪什与议会军决战。在接下来的马斯顿荒原战役中,苏

利文伯爵亚历山大·莱斯利

马斯顿荒原战役中的奥利弗·克伦威尔

格兰人看到王党军骑兵发动进攻后便迅速撤离了战场。但奥利弗·克伦威尔率军重返战场。他写道："有上帝的保佑，我军定会获胜。不用冲锋也可退敌。上帝让敌人在我军的刀剑前弱如草芥。"

英格兰的北方地区最终落入了议会军之手。马斯顿荒原战役获胜不是长老派的功劳，奥利弗·克伦威尔的铁骑军才是克敌制胜的法宝。但这样的结果在威斯敏斯特议会多数派看来并非好事。几个月前，就有人向奥利弗·克伦威尔发难，控告他手下一名军官是重浸派教徒。奥

马斯顿荒原战役

马斯顿荒原战役获胜后的奥利弗·克伦威尔

利弗·克伦威尔驳斥道:"就算他是,这妨碍他为民服务吗?不要太刻薄,不要受别人影响去排挤那些在宗教信仰上和你不同的人,他们与你我的生活并不冲突。"

长老派地位受到威胁不仅源于其在马斯顿荒原战役中的平凡表现。埃塞克斯伯爵罗伯特·德弗罗被选为议会军统帅后,率军西进德文郡和康沃尔郡,准备攻打那里的王党军。查理一世率领一支兵力占优的部队紧随其后,最后将议会军包围了起来。埃塞克斯伯爵罗伯特·德弗罗虽然率领骑兵杀出了重围,但步兵向王党军投降了。

宗教宽容问题自然与采取何种斗争方式这样的政治问题相互关联。保守派清教徒希望查理一世能同意他们以长老会的模式去完善英格兰的教会制度。他们难以接受信仰自由这种新思想,认为抛开国王去谈治理国家的事情简直不可思议。他们其实不想太为难查理一世。在他们眼中,奥利弗·克伦威尔是极端分子,总是声称在战斗中如果遇到查理一世也会立即开枪。保守派清教徒想要的是约翰·艾略特爵士理解的那种旧宪政体制。他们不愿尝试新鲜事物,新鲜事物让他们感到万分恐惧。

曼彻斯特伯爵爱德华·蒙塔古的部队中出现了矛盾。在向南方进军时,奥利弗·克伦威尔指责曼彻斯特伯爵爱德华·蒙塔古贻误战机。为人谦和的曼彻斯特伯爵爱德华·蒙塔古其实不适合担任军队的统帅。他不是有意要放过王党军。他对王室仍抱有幻想,所以在指挥上屡犯错误。在雷厉风行的奥利弗·克伦威尔看来,犹豫不决的曼彻斯特伯爵爱德华·蒙塔古是在破坏伟大的事业。1644年10月27日第二次纽伯里战役结束后,曼彻斯特伯爵爱德华·蒙塔古没有乘胜扩大战果。此举彻底惹恼了奥利弗·克伦威尔。奥利弗·克伦威尔提请议会对曼彻斯特伯爵爱德华·蒙塔古问责。

奥利弗·克伦威尔不是要和曼彻斯特伯爵爱德华·蒙塔古过不去,他批判的是体制而非个人。议会没有弹劾曼彻斯特伯爵爱德华·蒙塔

第二次纽伯里战役

古，而是通过了《自抑法》。《自抑法》规定，上议院议员和下议院议员均不得担任军事职务。令长老派感到满意的是，《自抑法》宣称要在英格兰教会推行长老会模式。不过，考虑到信仰自由问题，独立派也被赋予提供建议的权利。

奥利弗·克伦威尔代表自由的发声引起了人们的共鸣。在奥利弗·克伦威尔看来，人们只有获得自由，才能形成正义感和道德观。而约翰·弥尔顿则认为，人们只有获得自由，才能充分发挥思想的力量。约翰·弥尔顿的著作一直在遭受官方出版机构的审查。在《论出版自由》一书中，约翰·弥尔顿不只为自己争取自由，还呼吁所有人和他一起勇敢地去"证明一切"。"他明白，看似快乐的东西其实是让人堕落的诱惑。他在尽力克制……他是真正的基督斗士。我无法认同逃避和隐退是一种美德；不敢呼吸，不敢发声，不敢冲出去寻找对手，只想从赛道悄悄溜走，因为这一切让我无法忍受。赛道是让跑者去夺取花冠的，不是保持一尘不染让人观看的。"卓越源于坚持不懈的奋斗，而不是永远定格在过去的功劳簿上。约翰·弥尔顿大声疾呼道："现在，看看这座城市！受上帝保佑的城市！给人以庇护的城市！这里有自由的高楼！兵器厂里锤子打在铁砧上叮叮当当的声音少了，捍卫真理不只可以依靠武器！思想巨匠开始工作了，他们坐在灯下，不断沉思，反复思索，无比虔诚地工作着，为我们提供了众多改革的新观念和新思想。胸襟开阔的人快速学习起了这些新观念和新思想，并尝试着用理性的力量去解决问题。我们大可不必担心自由会导致某种无政府状态。这些人好像是在上帝建造神殿时为了防止教派分裂而大声疾呼，……确实有这种非理性的人，他们不明白，上帝的神殿在建起前所有建筑石料和木材都必须分开。当这样的建材巧妙地组合在一起时，对于世界来说，它们就是一个连贯的整体。它们都有自己的形状，彼此各不相同，但能依靠完美的组合，形成稳定而优雅的建筑结构。"

托马斯·费尔法克斯

这是在呼唤新的时代精神，是对强调外在形式统一的威廉·劳德式正教理论的鞭挞。这些原则，无论最终能否被各方接受，都会马上接受实践的检验。奥利弗·克伦威尔指挥的铁骑军名扬英格兰后，议会重新组建了一支军队，史称"新模范军"，任命托马斯·费尔法克斯为新模范军总司令。新模范军纪律严明，士气高昂。议会同意奥利弗·克伦威尔可免受《自抑法》限制，并任命他为新模范军副总司令。于是，反攻王党军的战斗一触即发。

不过，来自苏格兰方面的威胁分散了议会军的部分兵力，这也为查理一世赢得了一丝喘息之机。马斯顿荒原战役过后不到一个月，蒙特罗斯侯爵詹姆斯·格拉汉姆带着两名随从骑马向北越过边境，来到苏格兰，请求高地人①支持查理一世。高地人热情地接待了他，但他们不关心查理一世的命运，只想掠夺更多的财富。苏格兰高地人长期遭受坎贝尔家族的欺压，对坎贝尔家族恨之入骨。而坎贝尔家族首领阿盖尔伯爵阿奇博尔德·坎贝尔是查理一世的仇敌，所以苏格兰高地人自然会站在查理一世这边。蒙特罗斯侯爵詹姆斯·格拉汉姆发现苏格兰高地人拥有超强的持续作战能力，便率领他们通过闪电战横扫苏格兰国内的敌人。阿盖尔伯爵阿奇博尔德·坎贝尔的领地遭到了严重破坏；敦提被攻占后遭到了洗劫。对此，苏格兰低地②大军疲于应付，无法克敌制胜。新模范军

敦提

---

① 指生活在苏格兰高地的人们。苏格兰高地位于苏格兰西北部，包括赫布里底斯群岛，比特郡和佩罗郡部分地区。崎岖的山地、美丽的湖泊与巨石覆盖的原野是这里的主要地理特征。——译者注
② 指位于苏格兰中部地势相对较低的地带。这里分布着阿伯丁、爱丁堡，格拉斯哥等苏格兰主要城市。——译者注

纳斯比战役中的奥利弗·克伦威尔

必将面对英格兰内战的严峻考验。一年前参加马斯顿荒原战役的苏格兰人正犹豫不决,不知道日后是否能重返故里。

新模范军不辱使命,于1645年6月14日在英格兰中部的纳斯比战役中大败王党军。查理一世再也不敢在战场上露面了。数月之后,英格兰各地的王党军被全部歼灭,议会军几乎控制了英格兰所有地区,获取最终胜利只是时间问题。1646年8月,王党军控制的最后一座城池——拉格兰堡——向议会军投降。

苏格兰方面也传来了好消息。蒙特罗斯侯爵詹姆斯·格拉汉姆被胜利冲昏了头脑,竟然要离开苏格兰高地,进犯英格兰边境。不过,大多

纳斯比战役中的查理一世

奥利弗·克伦威尔指挥纳斯比战役

数苏格兰高地人未随他而去，而是带着战利品回到了群山之中的家园。只带着少数随从的蒙特罗斯侯爵詹姆斯·格拉汉姆在菲利普霍赫遭到了苏格兰低地大军的突袭。这不是一场战斗，而是一场屠杀！蒙特罗斯侯爵詹姆斯·格拉汉姆先解救查理一世后统治苏格兰的梦想就此破灭。

第31章
军队和议会之争

精彩看点

查理一世躲进苏格兰军营——杰出的传道者理查德·巴克斯特——议会中宽容派的势力大增——苏格兰人将查理一世移交给英格兰议会——查理一世接受议会所提要求——军队的要求——查理一世出逃

查理一世要想保全自己，就得立即向议会承诺今后不会再滥用王权了。但事实上，他不会忍辱含垢地去做这种跌份的事。他习惯了无视身边其他人的思想情感，认为英格兰的任何派系都离不开他，而他则可以利用各派之间的矛盾，挑唆各派斗争，自己坐收渔利。与议会多次谈判无果后，查理一世最终决定投靠苏格兰人。1646年5月5日，查理一世躲进了驻扎于纽瓦克的苏格兰军营。或许为了确保查理一世的安全，或许为了与英格兰人做交易，苏格兰人将他带到了纽卡斯尔。

纽卡斯尔

第 31 章 军队和议会之争　287

其他情况先不说，苏格兰人肯定希望查理一世能支持长老派的事业。查理一世因此动起了歪脑筋，想挑起苏格兰人与新模范军之间的矛盾。新模范军将士比以往任何时候都痛恨长老派，痛恨长老派拒不接受宗教宽容政策。杰出的传道者理查德·巴克斯特对教派独立与分裂的思想深恶痛绝，对新模范军的情况了如指掌。他在一份报告中说："大部分普通士兵和军官冷静诚实，尊奉正教；还有一些将士正直驯良，乐于倾听真理；但有少数高傲自负、头脑发热之人深得奥利弗·克伦威尔的赏识，他们个个身居高位，是军队的灵魂人物，其狂热言行影响了所有将士。他们说：'除了征服者威廉的上校，谁还能受封为勋爵？除了他

理查德·巴克斯特

的少校,谁还能受封为男爵?除了他的上尉,谁还能受封为骑士?'他们这是在明白无误地告诉我,他们正在按上帝的旨意争做教会和王国的征服者。"

上述最后几句话决定了英格兰未来的政治走向。不过,那些人未暴露各自的生活,以便在争取不到自由时能全身而退。议会必须结束长老派专制的局面,否则就会自食恶果。在该问题上,虽然奥利弗·克伦威尔言辞温和,但其态度极其坚决。他从未对长老派怀有如此强的敌意。他写道:"在这里,长老派、独立派及所有其他派别有着相同的信仰、相同的祈愿和相同的诉求。在这里,我们达成了共识,尽管其他方面的分歧仍然存在。同仁们,我们追求的是光明和理性,不是要强迫他人弃异求同。"与普通士兵简单粗暴的要求相比,奥利弗·克伦威尔这番温和的言辞更具说服力。

整个1645年,英格兰议会都忙着调整长老派议员的工作。1645年年底,议会中宽容派的势力大增。之后,英格兰进行了新一届议员选举,主要目的是削弱长老派议员在议会中的势力。不过,在给查理一世提谈判条件这一问题上,长老派仍然拥有决定权。1645年7月14日,一份提议递交到在纽卡斯尔的查理一世手里。提议要求:他必须在今后的二十年内将民兵指挥权交给议会;他必须信奉长老会教义才能继续做英格兰国王;他必须遵守《神圣盟约》,支持长老会制的新教会秩序。然而,查理一世根本就不想接受这些条件,在给亨利埃塔·玛丽亚王后的信中,他写道:"我要尽可能拖着不给议会答复,等新的派别出现。"换言之,他在等长老派与独立派闹矛盾,那样的形势对他有利。

但两派势力并未让查理一世如愿以偿。因此,六个月来,查理一世一直拒绝对议会的提议做任何答复。最后,苏格兰人认为查理一世已无价值,便向英格兰议会表明,他们愿意交出查理一世,然后返回苏格兰。他们现在只想让英格兰议会为他们结清总计四十万英镑的战争费。

被囚禁在霍尔姆比庄园的查理一世

英格兰议会非常痛快地向苏格兰人支付了这笔钱。1647年1月30日，苏格兰人从纽卡斯尔撤离，将查理一世移交给了英格兰议会。

查理一世被囚禁到北安普顿郡的霍尔姆比庄园。人们在表面上比较尊重他。查理一世一直期待的事情似乎就要发生了——军队和议会起了矛盾。

下议院中占多数席位的长老派议员深知军队会给他们带来危险，于是便建议议会马上解散军队。这是一支非常奇怪的军队：军中所有人均可自由表达观点，士兵们在闲暇时不在板球场上打球，也不在娱乐场所消遣，而是纷纷加入了神学讨论课或《圣经》讲习班。占据议会多数席位的长老派对军队的表现非常反感，就像当时威廉·劳德难以忍受长老派的教义一样。一位长老派议员就说："我们无法做到像波斯人那样崇拜太阳、月亮或者桌子上的锡壶。"

但这支军队并非普通意义上的军队。它不仅在为议会的最高权力而战，还在为自身的思想自由而战。在自由未能得到保证前，这支军队是不会解散的。它自视为决定英格兰命运的一支力量，事实上也的确如此。

当查理一世和长老派议员相互勾结时，军队就更加不愿解散了。1647年5月12日，查理一世终于接受了议会所提要求，不过对某些条款做了重大修改。查理一世承诺三年内会支持长老派的教义，而他自己的信仰可不受影响。于是，军队决定采取行动了。1647年6月3日晚，一个叫科内特·乔伊斯的将领率领一支骑兵来到霍尔姆比庄园，说是奉命来接查理一世的。1647年6月4日一早，查理一世问科内特·乔伊斯是谁派他

科内特·乔伊斯

来的。科内特·乔伊斯指着窗外站着的士兵说:"他们!"查理一世没来得及反抗就被士兵们控制了,随后被押往纽马克特。

军队开始提要求了,要求议会将十一位长老派领导人全部排除。这十一人没有军权,最终被迫退出了议会。伦敦市的长老派势力比议会中的长老派势力更强,一群长老派暴民冲入议会,要求下议院对军队抗争到底。军队以此为借口迅速向伦敦进发,并于1647年8月7日成功控制了伦敦。十一名长老派领导人随即被赶出了议会。许多长老派议员纷纷主动放弃了在议会的席位。

威廉·莎士比亚在戏剧《理查二世》和《亨利八世》中告诉我们革命成功的条件和结果是什么。只关注手中权力而忽视整个国家利益的查理一世实属无能之辈,注定会威严扫地。英格兰确实需要一位善于治国理政的新统治者来取代查理一世。不过,任何暴力革命都会受到相应的惩罚。虽然被动服从的旧习惯已被打破,但通过武力推行的新规则每天都遭受着人们的质疑,甚至公开批判。任何反叛,无论其一开始的理由多么正当,最终会滋生出一系列的叛乱来,有些叛乱甚至偏离了初衷。英格兰目前的情况就是如此。刺倒查理一世的剑这次指向了下议院。与立法机构对立的行为非同小可,这是明摆着要用武力手段取代议事模式!不过,既然过去能用武力解决问题,现在为什么就不可以?奉行议事模式的议会一直在想方设法压制言论自由,这让坚持言论自由的军队忍无可忍。如果没有思想和言论的自由,拥有最高权力的议会和独裁专制的国王又有什么区别呢?

当然,军队非常清楚,挥舞刀剑的手终归是无法控制权杖的。于是,军队领袖们立即召集来一些善于表达意见的将士,起草了一份提案后,呈递给了查理一世。提案要求除罗马天主教徒外,所有英格兰人都应该享有宗教信仰的自由。人们可选择服从主教的管制,也可选择接受长老的管束;既不入圣公会也不入长老会的人也不应该受到任何处罚。

科内特·乔伊斯走到查理一世面前

该提案向查理一世和长老派议员均提出了合理诉求，全面且不失明智。不过，查理一世和议会都没有将该提案付诸实施的意愿。军队领袖们只得撤回提案，希望能再加入一些宗教宽容方面的合理要求。狡诈的查理一世认为挑唆议会和军队内斗的机会来了，岂料双方很快便妥协了，联手讨伐他。一天深夜，被逼无奈的查理一世骑着马狼狈地向南方逃去，最终躲到了怀特岛。他在卡里斯布鲁克城堡给议会和军队写了一封信，表达了重回谈判桌的愿望，承诺会在三年内接受长老会制度并采取适当的宗教宽容政策。

第32章
第二次内战及查理一世之死

精彩看点

苏格兰人的骑墙政策——詹姆斯·汉密尔顿率军进入英格兰边境——查理一世作壁上观——王党分子起义——平息威尔士叛乱——《纽波特条约》——军队呼吁议会将查理一世法办——议会通过审判国王的决议——查理一世受审——查理一世被判处死刑

在过去的一系列谈判中，奥利弗·克伦威尔和军队的将领们是非常讲究策略的。他们很清楚，虽然可以用多种方式推行宗教宽容政策，但最好还是要先征得议会的同意。就这样，军队与议会暂时搁置了彼此的矛盾。苏格兰人因此陷入了尴尬的境地。只要英格兰议会接受宗教宽容政策，他们就打算与其断绝关系。与英格兰议会在纽波特展开谈判的同时，苏格兰人还与查理一世秘密签署了一份盟约：查理一世答应在未来三年内支持长老派，并镇压独立派及其他教派；苏格兰人则答应出兵帮查理一世重登王位。

尽管阿盖尔侯爵阿奇博尔德·坎贝尔与苏格兰其他贵族并不愿与英格兰开战，但箭在弦上不得不发。1648年4月，汉密尔顿公爵詹姆斯·汉密尔顿奉命率领一支大军进入了英格兰边境。

查理一世终于如愿以偿：两个死对头即将开战，而他自己则可以作壁上观。抑郁已久的查理一世现在内心无比得意。英格兰军队得知谈判过程中查理一世竟私自将英格兰交给苏格兰长老派管理后愤怒不已。士兵们聚在一起向上帝祷告，想让上帝向他们解释为何他们会遭遇如此噩运。最终，他们自己想明白该如何行动了。首先，他们要与敌人决一死战。其次，如果上帝能保佑英格兰重返和平，他们就要"向冷血的查理一世秋后算账，让他解释清楚，为什么要违背上帝的旨意和人民的意愿去做如此卑鄙龌龊、伤天害理的事情"。

为配合苏格兰大军入境，英格兰各地的王党分子纷纷发动起义。威尔士首当其冲，康沃尔郡和德文郡紧随其后。伦敦郡和肯特郡也相继发生了骚乱。奥利弗·克伦威尔和托马斯·费尔法克斯分别迅速赶往威尔士和肯特郡镇压叛乱。随后，托马斯·费尔法克斯赶到科尔切斯特，围攻集聚在那里的南方叛乱分子主力；奥利弗·克伦威尔则准备奔赴北方，平息那里的叛乱。

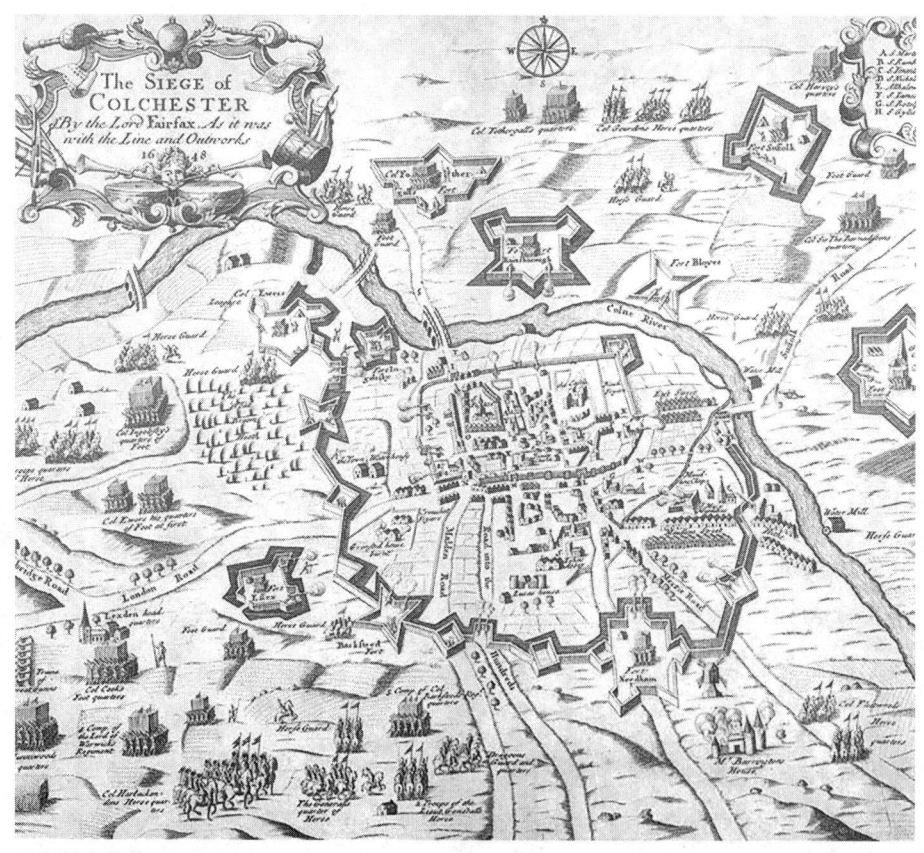

围攻科尔切斯特

1648年7月中旬,奥利弗·克伦威尔平息了威尔士叛乱,率军继续向北挺进。1648年8月17日,奥利弗·克伦威尔率领九千英格兰士兵在普雷斯顿和汉密尔顿公爵詹姆斯·汉密尔顿率领的两万四千名苏格兰士兵决战。经过三天激战,苏格兰人全军覆没。1648年8月28日,受困于科尔切斯特的叛乱分子向托马斯·费尔法克斯投降。第二次英格兰内战结束。

议会军在与王党分子作战,下议院却一直与查理一世谈判。1647年秋天那些吓跑的长老派议员重新归位,占据了下议院多数席位。看到奥利弗·克伦威尔陷入战争漩涡后,下议院立即颁布了一份严厉的禁令,打击其认为会亵渎神灵的异教学说。信奉异教思想者如果坚持认为由长老派把持的教会政府违背了基督精神,教会政府为非法政府,就会遭到诸如监禁这样的惩罚。

与查理一世的谈判(即《纽波特条约》)重新开启。虽然盟友苏格兰人已被击败,但查理一世还是不肯妥协,根本就无意与长老派议会议员签署条约。谈判只是一个幌子,查理一世实际上在等来自爱尔兰或荷兰的帮助。于是,他又玩起了只陈述问题但不去解决的老把戏。

获胜后的议会军决定不再和查理一世玩这样的游戏了。英格兰需要有一个各方势力都认同的政府。但有查理一世这样的搅局者存在,这样的政府就不可能出现。士兵们起草了一份长长的声明,强调英格兰国王只是国家元首而非政府官员,不能滥用权力干涉政府事务,否则就要被追究责任。不过,很明显,查理一世对此充耳不闻,认为英格兰就是自己私有财产,可以随意处置。因此,军队呼吁议会将查理一世法办。

在法办查理一世这件事情上,军队不信任议会。军队首先控制了查理一世身边的人,然后将他本人从卡里斯布鲁克押到了远在海边的赫斯特城堡。查理一世一度认为军队是想在这里谋害他,但事实并非如此。

军队接下来要做的是冲破议会的阻力。1648年12月5日,下议院宣布与查理一世和解,这是在破坏内战取得的成果!1648年12月6日一大早,

普雷斯顿战役

赫斯特城堡

普莱德上校率领一支部队封堵了下议院的大门，那些让军队领袖心生不满的长老派议员入内被谢绝。总计九十六名议员被拒之门外，仅有五六十名议员获准进入，而由这五六十名议员组成的下议院就成了军队的工具。

如此组成的下议院肯定代表的是军队的利益。1648年12月13日，议会通过审判国王决议时，查理一世被戒备森严的卫队押往了温莎。

1649年1月1日，下议院任命了高等法院组成成员，由他们负责审判查理一世。上议院拒绝参与审判过程。1649年1月4日，下议院宣称：上帝保佑的人民才是正义力量之源，由人民选举产生的下议院才该拥有至高无上的权力，在行使权力时可不经国王或上议院同意；国家的主权原则绝对不应该由代表少数人利益的机构来宣布。1649年1月9日，拥有最高权力的下议院正式组建了高等法院。

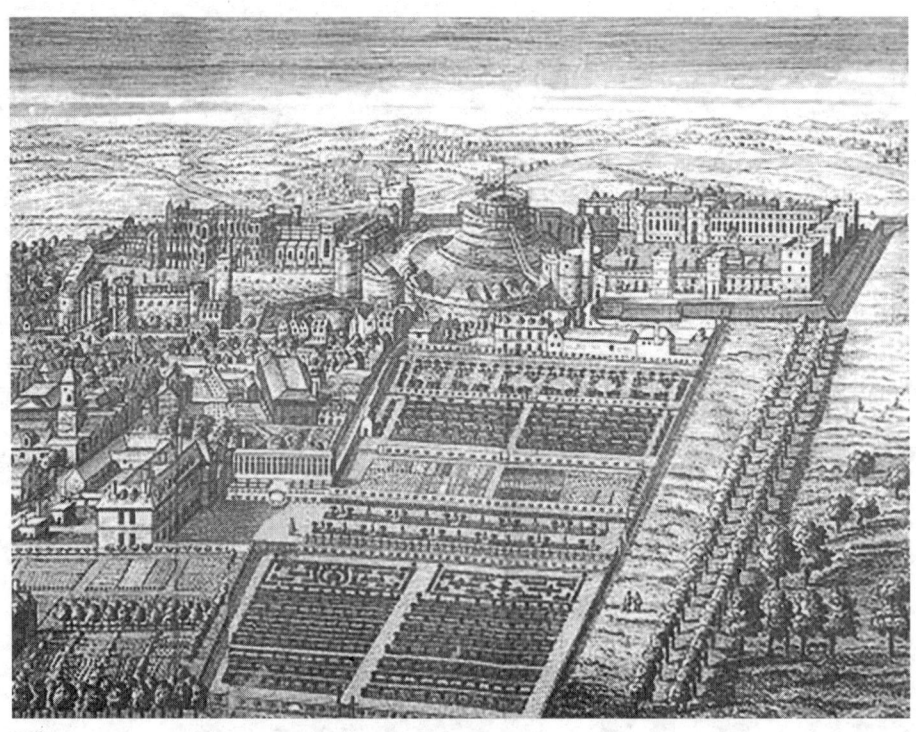

温莎

审判查理一世

  1649年1月19日，查理一世被押往白厅。1649年1月20日，他开始被审。一百三十五名法院成员中只有六十七名到场，其中包括奥利弗·克伦威尔。当介绍到托马斯·费尔法克斯时，他的妻子安妮·德·维尔喊道："不在，他永远不会来；你们就不该任命他。"查理一世则拒不承

查理一世被处死

认法庭合法，既不认罪，也不提请辩护。1649年1月27日，审判流程走完后，查理一世被判处死刑。

1649年1月29日，查理一世被执行死刑。他与两个年幼的王子告别后，义无反顾地走上了断头台。查理一世统治时期结束了。

第33章
奥利弗·克伦威尔最终获胜

精彩看点

查理一世被定叛国罪——查理一世被处死——英吉利共和国成立——平定爱尔兰之乱——查理二世成为苏格兰国王——出兵苏格兰——查理二世逃脱

查理一世生前的所作所为都不像他走向断头台时表现得那般坦荡。他虽然一直认为自己代表着正义力量，但常常为了达到自身利益而不惜使用各种卑鄙的伎俩。在他看来，这些伎俩是捍卫国家利益的合法利器，但实际上成了他最终被处死的加速器。英格兰人民呼唤平等，反对君主专制，而查理一世认为，只有拥有绝对权力的国王才能为人民谋福祉。他在被处决前不久写的一本关于一位罗马帝国诗人的书中就清楚地表达了这种观点："他受骗了，再好的诸侯都不会给人民自由。只有一心向善的国王才能赋予他们自由。"

　　军事领袖反对查理一世的这一观点，誓要将他送上白厅的断头台。意图再好的政治犯罪都应该受到法律的惩罚，而查理一世背弃《纽波特条约》与苏格兰人私通的行为更应该受到法律的严惩。但法庭审判并非完美无缺，对查理一世的判罚不完全符合法律程序。法庭的法官和审判员是为了迎合军事领袖的意愿而精心挑选出来的。他们明白应该如何为查理一世量身定罪。为了将查理一世法办，军事领袖们首先清洗了下议院中的长老派议员，越过上议院组建了新的法庭，让法庭按需修订法律。因此，将查理一世押往军事法庭成了合法行为，判处他死罪后立即处死他也成了合法行为。

事实上，议会军向来行事谨慎，尽量避免动用武力。历史上，这样的军队并不多见。议会军认为，在追求正义事业的过程中，笔杆子和枪杆子同等重要。不过，议会军无法忍受如下的现实：自己做出的牺牲将付诸东流；愚蠢至极的偏见占据上风；终日盼望查理一世会做出改变，但并无结果。只有将查理一世送上断头台，正义才能得到伸张，人们的思想才不会像保守的长老派那般荒谬！该结束的似乎都没有完全结束。武力也已动用，但于事无补。和曾经聚集在查理一世身边的残余势力斗争已经够糟糕了。但更加糟糕的是，这些残余势力居然将心胸狭窄、刚愎自用的王子①拥为圣洁的斗士，喊出了要追随他的口号，希望跟着他同破坏英格兰法律并窃取英格兰政权的军队做斗争，重新夺回权力。

英吉利共和国成立后，新一届政府也随之成立。四十一名议会要员和军队高官组成了国务委员会，行使国家政权。这时，上议院已不复存在，仅有部分议员出席的下议院（很少有超过五十人的时候）扮演着议会的角色。而在下议院中，国务委员会委员又占了大多数席位。因此，国务委员会能以议会的名义颁布法令。在和平时期，如此荒唐可笑的议会是不可能长时间持续下去的；毕竟军队也希望看到一个真正由选举产生的下议院；但在动荡时期，军队疲于应付各种大小战事，军事领导人根本无暇顾及宪法修订事宜。在各级将领中，极端疯狂的思想暗流涌动。不过，所有兵变计划均在奥利弗·克伦威尔的铁腕控制下胎死腹中。

内战结束后，平定爱尔兰成了奥利弗·克伦威尔的首要任务。自1641年大屠杀②发生后，爱尔兰就一直处于无政府的状态。王党派残余势力和爱尔兰当地的罗马天主教徒在都柏林集结起来，准备共同对付驻

---

① 这里是指后来复辟成功的查理二世。——译者注
② 16世纪宗教改革期间，英格兰王室大肆迫害爱尔兰天主教徒，大规模没收爱尔兰人土地，并将大量英格兰移民迁入爱尔兰。1641年10月23日，民族起义，屠杀了大量定居于乌尔斯特地区的英格兰新教移民。——译者注

扎于此的议会军。都柏林一旦沦陷，爱尔兰将独立，然后向英格兰国内的王党势力伸出援手。1650年8月15日，奥利弗·克伦威尔抵达都柏林。1650年9月11日，他率军攻占德罗赫达，然后下令处死两千名俘虏。尽管屠杀战俘在当时的神圣罗马帝国战场上每天都在上演，英格兰的战场上也不无先例，但奥利弗·克伦威尔还是觉得应该为自己的决定找一些借口。他写道："我深信，上帝也会惩罚这些野蛮之徒。他们的双手沾满了无辜百姓的鲜血。唯有如此，今后才不会再有无辜者遭难。不对他们痛下杀手，我们日后必将后悔。"德罗赫达大屠杀拉开了序幕。之后，

德罗赫达大屠杀

韦克斯福德大屠杀

韦克斯福德被攻陷,大屠杀再次上演。接着,许多城池纷纷投降。1651年春,奥利弗·克伦威尔将后续工作移交给了继任者,准备离开爱尔兰。这次远征爱尔兰收效明显。1652年,战争结束,英格兰收复了爱尔兰四个省中的三个。原先的地主均被赶出了家园,只能在康诺特的荒野中求生。

奥利弗·克伦威尔必须返回英格兰了。欧洲列强对新生的英吉利共和国充满了敌意:一位驻荷兰大使在海牙被杀;一位驻西班牙大使在马德里遇害。流亡的蒙特罗斯伯爵詹姆斯·格拉汉姆欲重返苏格兰复仇。1650年春,蒙特罗斯伯爵詹姆斯·格拉汉姆登陆奥克尼群岛,但抵达凯瑟尼斯后发现,没人响应他的起义号召。苏格兰北方人不嫉恨阿盖尔侯爵阿奇博尔德·坎贝尔,也不希望有国王统治他们。最终,蒙特罗斯伯爵詹姆斯·格拉汉姆被俘,并且在爱丁堡以叛国罪被处以绞刑。

苏格兰人虽然无法忍受蒙特罗斯伯爵詹姆斯·格拉汉姆的行为，但没完全放弃拥立一位长老派国王的念头。他们邀请年轻的查理二世前来苏格兰做国王。1650年6月24日，查理二世抵达苏格兰，极不情愿地在《国民契约》前宣了誓。让生性懒散的查理二世担任苏格兰国王的想法实属荒谬，但苏格兰大臣们可以趁机按照自己的意志来改造还是毛头小伙的查理二世。查理一世刚被处死不久，苏格兰人便拥立查理二世为国

查理二世

王。这让奥利弗·克伦威尔焦虑不已。如果处理不当,不仅苏格兰人会支持查理二世,众多英格兰人也会加入支持查理二世的行列。虽然查理一世的头颅已经落地,但他对英格兰人的影响尚未被根除。

　　奥利弗·克伦威尔迅速赶往苏格兰,欲将"闹剧"扼杀在摇篮之中。然而,托马斯·费尔法克斯无论如何都不愿出兵。他说他不明白苏格兰人为什么无权按自己的意愿解决属于自己的问题。1650年7月22日,英格兰军队越过边界。1650年7月28日,英格兰军队抵达爱丁堡城下。但面对苏格兰的重兵防御,英格兰军队攻城无望。为了不让军队挨饿,奥利弗·克伦威尔只得下令撤军。1650年8月31日,英格兰军队撤到了邓巴。

　　英格兰军队现在进退维谷,苏格兰人断了其返回英格兰的道路。一边是大海,另一边是山脊,山上还布满了苏格兰的士兵。看上去,英格兰军队插翅难逃。然而,苏格兰人没能沉住气。1650年9月3日上午,苏格兰士兵从山上冲了下来。奥利弗·克伦威尔看到了转机。苏格兰士兵刚到山谷便遭到了英格兰军队的猛烈攻击。苏格兰军队阵脚大乱,慌忙后退,而胜利者则高呼着"把上帝的敌人赶回老家去"的口号,乘胜追击。

　　奥利弗·克伦威尔率军迅速攻到了爱丁堡,在对长老派大臣一番恩威并施后,大部分人很快便向他俯首称臣了。只有一支部队拒绝归降,蛰伏了起来,在冬春两季悄悄地积蓄着力量。

　　1651年8月,这支部队决定反攻。此时,英格兰国内的一场叛乱也让奥利弗·克伦威尔无法在苏格兰久留。当苏格兰人带着查理二世一路向南挺进时,奥利弗·克伦威尔率军在其后紧追不舍。苏格兰人的希望落空了,英格兰民众对奥利弗·克伦威尔十分畏惧,没人敢支持这支苏格兰部队。没有获得任何援助的苏格兰部队艰难行至伍斯特时被奥利弗·克伦威尔的部队追上了。苏格兰人难逃被杀或被俘的命运。奥利弗·克伦威尔写道:"虽然可以对他们施以仁慈,但我不想那样做。"此后,奥利弗·克伦威尔在英格兰就再也不必动用武力了。

邓巴战役

查理二世在战斗中逃脱了。不过,这同时省去了奥利弗·克伦威尔到底该如何处置他的麻烦。查理二世逃到了一位王党派乡绅家中,这位忠诚的乡绅没有出卖他。后来,人们才得知,查理二世爬上了一棵大树,躲过了搜寻他的骑兵。后来,他又化装成一名仆人,骑马跟在一位贵妇后面逃到了布里斯托尔。到查茅斯后,他想雇一艘大船去法兰西,但船长拒绝了他。最后,到了当时还是个小渔村的布莱顿,他才坐上船,安全逃离了英格兰。

第34章

解散长期议会

精彩看点

拥护王权势力有所抬头——成立新议会的构想——《航海条例》——英荷战争——议会内部的腐败——奥利弗·克伦威尔建议成立军官委员会——解散长期议会

在为奥利弗·克伦威尔写的一首十四行诗中，约翰·弥尔顿写道："和平取胜与战争获胜一样有价值。"但我们都会经历和平无望的时候，在实现伟大的事业过程中，需要适时地诉诸武力，如果运气好，和平就会不期而至。奥利弗·克伦威尔和亨利·范恩爵士等几位品德高洁的军事领袖目前仍然是议员，他们志在实现一个崇高的目标——将英格兰建成人民享有自由的国家，政府根据民意进行管理，人人享有思想和言论的自由。如果人民没有自由，代议制政府不过是专制政权的别名罢了。然而，他们也有心有余而力不足的时候。处决查理一世之前，英格兰国内的革命势力已经遭到了很大程度的削弱；而现在可能继承王位的查理二世不过是个于人民无害的年轻小伙而已。因此，英格兰国内拥护王权的势力又有所抬头。一直以来，英格兰人不反对王室存在，只是反对王室的特权与专制统治。处决国王和废除王室，在多数人看来，并无必要。大部分英格兰人不关心建立共和国，对宗教自由也不是真正在意。他们只是不能接受威廉·劳德式宗教观及主教制度对其他教派的迫害罢了。对大部分英格兰人而言，如果国王能够尊重议会的决定并且不滥用特权，他们就非常满意。

简而言之，英吉利共和国的领导者在某种程度上正经历着威廉·劳德1629年遭遇的境况。他们都是有理想抱负的人，认为实现自己的抱负就是在给整个国家规划美好的未来，于是便竭力影响广大民众的思想，希望最终能获得广大民众的认同。和威廉·劳德一样，他们最终得到的的结果也是失败的，尽管他们的理想比威廉·劳德的理想更崇高。事业未竟不是他们的理想有问题，而是当时大部分英格兰人的境界还达不到那样的高度。

军队领导人和议会领导人之间慢慢产生了分歧。这是很自然的事情，因为双方虽然都明白问题出在哪里，但仍坚持着各自的观点，不肯变通。主张自由的议会最终很可能会成为王党派的议会，而王党派把持的议会今后很可能会不再关注民众的自由，更别提关注清教徒的利益了。怎么会出现这样的风险呢？仅有五六十名议员构成的所谓议会提出了自己的一套选举方案。他们同意选举新的议员以填补议会的空缺席位，但前提是他们自己的席位必须先保留，而且他们有权否决他们认为不适合议会工作的新议员。这样一来，看似代表自由的议会其实根本无自由可言，因为只有被原先那五六十位议员接纳的新议员才有资格参与国事讨论。

事实上，这就是个愚民的议员选举方案，令奥利弗·克伦威尔非常不满。更让他担心和难以接受的是，他和将士们经过浴血奋战才换来的宗教自由很有可能会轻易地葬送在以这种方式组建的议会手里。这样的议会不可能为宗教自由提供任何保障，因为它可以随心所欲地废除现存的一切，而不必受任何个人或组织的制约。

显然，不符合逻辑的行为必然会招致道德上的谴责。不少议员在行使权利时丧失了诚实这一最基本的品格。在与外敌作战方面，英吉利共和国是成功的。亨利·范恩爵士重建的海军舰队肃清了王党军的私掠船。这些私掠船对荷兰人从海上贸易中获得的丰厚利润羡慕不已，有图

英吉利共和国徽章

谋不轨的想法在所难免。荷兰人之所以能独霸海上贸易，是因为他们的商船建造精良，加上长期的海上运输经验，其商品运送成本远低于其他国家商人的运送成本。1651年，英吉利共和国出台了针对荷兰人的《航海条例》。根据《航海条例》，所有进口商品必须由英格兰商船运送入港，直接由原产国商船运输的除外。

　　1652年1月，荷兰商船开始被英吉利共和国扣押，战争已经不可避免。交战双方势均力敌，几乎难分胜负。不过，总体而言，英格兰占据了上风。

　　这场战争的开销巨大。曾支持查理一世的王党派人士的财产被强行没收，全部用于战争开销。这一措施即便能够以比较公平的方式执行，但让一部分人去承担本该由所有人承担的费用的做法只会让国家趋于分裂,更何况实际操作过程中根本就没多少公平可言。议员们大肆收受贿赂,有钱行贿之人可少交钱,无钱行贿之人分文不减。滥用权力的恶劣影响日益凸显。当权者的儿子或亲属可轻松进入政府部门工作。公平正义早已不见踪迹,所谓的拯救者正在变为国家的蛀虫,让国家不堪重负。

民怨鼎沸,奥利弗·克伦威尔不得不发声并采取行动了。他坚称,议会不应该是一个不代表任何民意的永久性机构,而应该是一个受宪法制约的机构,所有议员应该由自由选举产生。他与军队将领还提议成立一个由议员及军官组成的委员会,专门负责确保议会的所有行为符合社会公平与正义。

1653年4月19日,一位议会领导人向奥利弗·克伦威尔保证,议会在短期内不会有大动作。但1653年4月20日上午,就有人告诉他,议会根本就没有考虑他的反对意见,正要投票通过一项法案。奥利弗·克伦威尔匆忙赶往下议院,在最后投票表决的关键时刻站了出来。他说,议会在

奥利弗·克伦威尔来到下议院

奥利弗·克伦威尔解散长期议会

关注民生疾苦和公众利益方面做得不错，但同时沾上了"缺乏公平、正义延迟、以权谋私"的污名。一名议员试图打断他时，奥利弗·克伦威尔大怒。"好了！我们已经受够了！你们不适合再待在这里了，一切都该结束了！"他将士兵召了进来，命令他们清理会场。骂骂咧咧的议员们一个个被赶了出去。随后，奥利弗·克伦威尔举起权杖说："我们怎么处理这个东西？"士兵们回答道："拿走它！"与德罗赫达大屠杀事发时一样，奥利弗·克伦威尔也为这次行动找到了借口。他说："这可是你们逼我这样做啊。上帝宁肯灭掉我，也不会同意我去做这样的事。"

第35章

提名议会

精彩看点

军队行使权力——军官委员会提名新议会议员——提名议会名声扫地——提名议会解散

现在，英格兰所有政治机构都已不复存在。奥利弗·克伦威尔指出，王室、上议院和下议院之所以接连覆灭，是因为其履职不力，辜负了人民的信任。但对其做出判决的不是人民而是军队。在军事领袖看来，他们的行动就代表了上帝的旨意。他们认为："上帝给他们带来了胜利，让他们照管好英格兰，并将这片土地上所有子民应得的福利都交到了他们手上，由他们负责管理和分配；而一旦有违背上帝子民利益的事情发生，他们就绝不能坐视不管。"

军队应该如何行使手中的权力呢？是拿它单纯地维护民众的信仰自由，还是拿它去实现少数人的意愿而不惜牺牲大多数人的利益？庆幸的是，军队从未考虑过要独揽政治大权。军官委员会提名成立了由一百四十位议员组成的新议会，即后来被人们戏称的"贝尔朋小议会"。在这些议员中，不少人是激进分子，大多具有强烈的清教主义倾向。他们分别代表了各大主流教派的立场。奥利弗·克伦威尔对这些议员讲话时，反复强调：他们只须守住上帝虔诚子民的本分，现在还不到他们制订宪法的时候，只须怀着虔诚之心去管理英格兰就好。当人人都享有选举权和被选举权且由选举产生的议会代替目前的提名议会时，才是制订宪法的最佳时机。"所有人才真的是上帝的子民！"这样一来，选举也就不会出现任何问题了。

这就是奥利弗·克伦威尔的理想。他认为，人们只有在拥有一定资格时才能参与政府管理。这一点与查理一世和斯特拉福德伯爵托马斯·温特沃斯的想法并非全然不同。不过，这种想法必然会带来一些问题。事实证明，提名议会中那些虔诚的议员大多是不作为之人。他们缺乏实际的管理经验，不关心普通民众的心声，虽然普通民众占了人口的绝大多数。提名议会建议废除大法官法庭，但不提设立相应的替代机构；主张取消什一税，但没有提供解决神职人员供养的方案。几个月后，提名议会就和长期议会一样名声扫地了。法律和秩序似乎成了少数梦想家的牺牲品。如果现在发出警示，情况可能会好转。于是，第五王国派①人士庄严地宣称，现在是由上帝的选民统治英格兰的时候了，而他们就是上帝的选民。利益因此可能受损的人，尤其是神职人员和律师，都把目光转向了奥利弗·克伦威尔，因为他们知道，奥利弗·克伦威尔是不会因金钱诱惑而迷失方向的人。

提名议会中的反对者虽然属少数派，但握有实权。1653年12月的一天，他们一大早就赶到下议院，在其他人尚不明就里的情况下，将权力移交给了奥利弗·克伦威尔。现在，国家的政治机构已经被清除，但清除社会机构则没那么容易。此后的很长一段时间里，权力滥用的现象在英格兰愈演愈烈，甚至引发了法兰西大革命。传统的政治原则和组织机构都受到了强烈冲击。在过去的几百年里，英格兰的政府管理一直良好

---

① 第五王国派是清教徒各派中最激进的一派，17世纪英吉利共和国和护国公时期兴起。该派宣称：第一王国为亚述–巴比伦，第二王国为波斯，第三王国为希腊，第四王国为罗马，第五王国为以基督为王的千年王国。前三个王国均因偶像崇拜而灭亡，第四王国的继承者神圣罗马帝国也在走向末日，而第五王国即将降临人间。第五王国派认为，只有在第五王国里人压迫人的现象才能消灭，正义才能得到伸张；在千年王国到来前，由基督的"圣徒"代表基督进行统治。——译者注

17世纪50年代的奥利弗·克伦威尔

有序，从未出现过如此乱象。提名议会的多数派议员向权力滥用现象宣战无疑是正确的，但想要在几周内就完成需要许多年时间才能完成的工作是绝无可能的。完成这项工作不仅要具备精准的知识，还须开展仔细的调研。初衷良好并不能保证结果圆满。和长期议会一样，提名议会最终也被解散，而英格兰人对此没有感到一点遗憾。

第36章

护国公时期的首届议会

精彩看点

起草《政府组织法》——奥利弗·克伦威尔出任护国公——政府工作富有成效——议会主张修改宪法的权力——奥利弗·克伦威尔独揽大权——奥利弗·克伦威尔解散议会

毫无疑问，军队高级将领都清楚接下来应该做什么事情。1653年12月16日，他们起草了一份《政府组织法》，放弃了暂时中止国家代议制的想法。英格兰将会再次出现由选举产生的议会，但该议会只下辖一个议院。长期议会的前车之鉴让军队的高级将领明白了两个道理：第一，议员过多不利于有效管理；第二，思想自由和宗教自由是任何政府都不应干涉的个人权利。这些原则只有为广大人民所接受并且写进宪法时，由选举产生议会的时代才会真正到来。然而，要让所有议员明白并接受上述两个道理是非常困难的。此外，军队高级将领的想法只代表少数人的意志，很难让所有议员接受他们的想法。如果决定组建一个对议会负责的执行政府，那么该执行政府就有可能沦为被特定势力支配、实施宗教暴政的工具。

　　因此，军队提名奥利弗·克伦威尔出任护国公，让他执掌行政大权。这一职位相当于过去辅佐未成年君主的摄政王。在重要问题的决断上，护国公必须征询国务委员会的意见。议会拥有了有史以来最大的权力，可以独自决定物资发放和征税等事宜。护国公不可以在两次议会会议间隔期内发布临时法令，必须在议会会议期间将法令提交议会审议通过后方能发布。而议会则可以不经过护国公的同意，独自制定法律。

议会每年召开一次会议，会议召开后的五个月内，护国公既不可解散议会，也不可宣布休会。

《政府组织法》是历史上第一部在世界各地广泛传播的成文宪法，美国的三权分立制度就是在该法影响下建立起来的。《政府组织法》通过严格规定权力各方的职责和权限，避免了某一方权力独大的情况发生。护国公、国务委员会和议会均有各自明确的职权范围，但其中任何一方在履行职能时仍需要与另外两方合作。美国宪法还规定，如果总统在其四年任期即将结束之际仍无法和国会在某一问题上达成一致意见，人民有权决定选择接受哪一方的意见，但《政府组织法》没有类似的条文规定。如果议会选择拒绝征税的提议，那么所有政府管理工作将无法开展下去。而议会仍可按自己的意愿行事，护国公及国务委员会则必须执行其不赞同的政策。这一制度的缺陷不是因《政府组织法》的语言表述欠妥而造成的，实在是英格兰当时的国内形势要求有这样的制度。当时的立宪者非常渴望管理者都能够按照人民代表的意志开展政府工作；他们还希望那些实际掌管政府工作的人都具有真才实干，希望他们可以用自己非凡的领导及组织才干确保宗教宽容原则在由选举产生的议会中仍然能够保留下来。

那些不想再看到政府与未来议会之间发生矛盾的人则希望新一届政府的管理能呈现出焕然一新的面貌。自奥利弗·克伦威尔任护国公以来一直到议会会议召开前的九个月时间内，英格兰的政府工作确实做得颇富成效。通过积极谈判，英格兰与荷兰停战，和平重返英格兰。根据《政府组织法》的一条规定，护国公有发布条例的权力，并且条例在议会审议之前具有法律效力。这一条规定很好地解决了此前提名议会遇到的难题。大法官法庭没有被彻底废除，只是进行了局部改革。为保证神职人员称职，整支神职队伍也进行了特殊调整。一些相关规定随之出台，不允许神职人员随便接受无知之人或染有恶习之人的捐赠。

政府的表现令人振奋，议会的宪制原则也让人们对未来怀有很高的期待。苏格兰和爱尔兰第一次被列为议会议员选区。议员的席位分配做了相应的调整。与之前的议会相比，现在的议会能更公平地反映民意。但这一变化并没有改变当时最具争议的一项规定，即以各种方式支持过国王的人，无论是主教派王党人士还是长老派王党人士，在今后的十二年内均不得进入议会。人们可能会认为，在这种条件下选举产生的议院才愿意与护国公精诚合作。

1654年9月3日，议会选择邓巴和伍斯特战役纪念日当天召开会议。议员们首先指出了《政府组织法》中不合理的地方。不过，他们没有推翻护国公统治之意，只是主张宪法条款应该由议会负责修订，护国公的行为应该受到议会的限制。

有违宪制精神的地方不仅体现在理论层面上。虽然奥利弗·克伦威尔在政府管理方面表现出色，但他在政府中的地位是以军事实力为后盾的。军事手段在今天能合理解决政府事务，也许在明天就会让国家处于独裁统治之下。因此，奥利弗·克伦威尔必须为自己的行为进行辩护。他称，议会今天能公正地解决问题，并不代表明天也能；如果在宗教问题上任由议会制订政策，那么十二年后，宗教宽容原则很有可能会被多数议员抛弃。目前，宽容与专制之间尚无第三种选择。英格兰唯一能做的就是坦然接受现实：如果议会执意要犯错，那么谁也无法阻止，它只能从经验与教训中增长智慧。但事实上，奥利弗·克伦威尔对此简直无法忍受。他清楚，民众不关心什么宗教宽容政策，甚至对清教主义也不关心。他坚持认为，自己手中的权力是上帝赋予的，与其坐视国家陷入泥潭而不顾，不如用武力帮助民众摆脱苦难。但他得首先说服自己，而后再向别人说明此举的深远意义。奥利弗·克伦威尔称，既然议会是依据《政府组织法》选举产生的，那么不愿完全接受该法的人就不应该进入议院，也无权以议会之名提议改组政府。一百位议员拒绝在文件上签字，他们虽然反对世袭王权，但不愿看到军事独裁者独揽国家大权。

议会虽然讨论通过了《政府组织法》的主要条款，但对少数条款还是持保留意见的。尽管少了一百位议员发言，议院还是一再强调议会在共和国体制中的核心地位，并且多次否决了护国公主张的某些特权。奥利弗·克伦威尔对此忍无可忍，但根据《政府组织法》的规定，他还需要再忍耐五个月的时间。不过，他将这五个月解释为犹太历的五个月，并于1655年1月22日解散了议会。

第37章

军事管制区

精彩看点

奥利弗·克伦威尔强制推行宗教宽容政策——民众抵制奥利弗·克伦威尔的宗教政策——建立军事管制区——奥利弗·克伦威尔下令禁用《国民祈祷书》——与西班牙起冲突——与法兰西结盟——与西班牙开战

在红衣主教黎塞留和马扎然的不懈努力下，虽然法兰西施行了宗教宽容政策，但该政策并未在法兰西人心中扎根。英格兰和法兰西的情况大体相似。议会被解散后，虽然没有人再批判宗教宽容政策了，但人们都知

马扎然

道该政策并不代表人民的意愿。日后新产生的议会还是会发表反对意见的,这也是奥利弗·克伦威尔不愿意让议会拥有最高权力的一个原因。

好在英格兰人有一种与生俱来的执念。他们认为,国家发展应该顺其自然,不断犯错和改错是必经之路,没有必要用外在力量强行改变其发展轨迹。更何况宗教宽容政策也并非完美无缺。奥利弗·克伦威尔固执地认为过去的教会崇拜就是一种迷信活动,只同意人们在私人住所或会场可以用过去的方式进行崇拜活动,但不允许人们在公共场举行类似的崇拜活动。人们放弃从年轻时就非常熟悉的教会仪式时,本来就带着不少情绪,各种排挤和打压更是让他们义愤填膺。即兴祷告确实为人们提供了方便,但祈祷者的行为愚蠢可笑,简直是对上帝的亵渎。在对比新神职人员用语和《国教祈祷书》中的用语后,成千上万信徒均选择继续支持《国教祈祷书》的规定;教会、国王、过去的宗教仪式及政治制度已在他们的脑海中挥之不去。他们觉得,在讨论未能解决问题的情况下用武力公然胁迫民众放弃旧有习惯的做法欠妥。奥利弗·克伦威尔的胸襟和眼界要远胜查理一世。查理一世通过专制手段避免宗教暴政的思想是错误的,而奥利弗·克伦威尔通过自由方式避免宗教暴政的原则是正确的。然而,他们对反对者均采取了高压手段,奥利弗·克伦威尔的做法也注定会给英格兰带来一场灾难。

索尔兹伯里首先开始反抗。一个叫彭鲁多克的绅士带领大约两百名武装民众冲入市中心,将刚来这里巡查的法官们都抓了起来。这一疯狂举动惊动了军队,起义者迅速被捕,反抗运动随即被镇压。奥利弗·克伦威尔很清楚,这次反抗运动虽然没掀起大风浪,但表明民众对他统治的不满正在蔓延。

奥利弗·克伦威尔马上采取了紧急行动,将英格兰分成了十个军事管制区。每个军事管制区都有一名少将负责统兵,维护社会秩序。奥利弗·克伦威尔还下令向所有的王党分子收取其收入的百分之十,供军队日常运转。军事统治的特征日趋明显，到处可以看到士兵在维护秩序。为了防止人们聚在一起讨论反政府计划，士兵们还在通往集会场所的道路上设置了障碍。虽然奥利弗·克伦威尔的权力是以武力为后盾的，但并不想依靠暴力行使权力。他告诫军队，除了紧急情况，不可采取强制和残忍的手段，竭力避免有辱人格的言行。宽容为先是奥利弗·克伦威尔的行动准则，虽然一些人抱怨军队维持社会治安的方式影响了他们的日常生活，但另一些人看到了政府的良苦用心，他们对护国公竭尽全力筹集资金为全体人民谋取公平正义的行为心存感激。起初，不少人对建立在武力基础上的权力充满了敌对情绪，但随着时间的推移，越来越多的人对奥利弗·克伦威尔合理使用权力服务于国家的行为心悦诚服。

不过，有一件事奥利弗·克伦威尔做得背离了宗教宽容的原则。他认为《国民祈祷书》是引发民怨的导火索。于是，1655年11月，他颁布了禁用《国民祈祷书》的命令。像过去传统的弥撒形式被英格兰教会叫停一样，现在英格兰教会的礼拜仪式也被叫停了。不过，该禁令并未严格执行，仍有狂热的会众私下聚在一起做礼拜。一个叫伊夫林的乡绅写道："我在伦敦参加圣餐礼时发现，英格兰教会居然沦落到偷偷举行礼拜仪式的地步。宗教迫害何其严重！"几周后，他又写道："现在的布道已没有什么实质性内容了，只留下几句无人能理解的空话。这只能让人们变得无知，丧失原则。世上已无慈悲，唯有仇恨横行。上帝啊，快来改变这一切吧！"纯粹的宗教宽容内涵已经变质。只有在尊重国家权威的前提下，人们才能享有持各种宗教观点的自由。遭到清教势力反对的各教派信徒，如果对国家权威流露出任何形式的质疑，就会遭到各种打压甚至监禁。

奥利弗·克伦威尔的国内政策为其外交政策定了基调。在他看来，彼此竞争的法兰西和西班牙就分别是宽容与专制的典型代表。奥利弗·克伦威尔反对西班牙，因为西班牙一直在反对英格兰到美洲开发殖民地和发展贸易。奥利弗·克伦威尔曾要求西班牙的美洲殖民地赋予英格兰商人和水手自由贸易的权利,但遭到了西班牙大使的断然拒绝。对方说:"您这是在挖国王陛下的眼睛!"奥利弗·克伦威尔被彻底激怒了。为报复西班牙占领英格兰在西印度群岛的殖民地,他派威廉·佩恩和罗伯特·维纳布尔斯率领一支英格兰舰队前往西印度群岛攻占圣多明各,同时派罗伯特·布莱克率领另一支舰队前往地中海,打击阿尔及尔和突尼斯的海盗,保护英格兰商船。接着,他又向法兰西表达了结盟的愿望。

罗伯特·布莱克

萨伏伊公爵查理·伊曼纽二世

不过，与法兰西结盟的计划突然受阻。有消息传至英格兰称，萨伏伊公爵查理·伊曼纽二世一直在迫害早在宗教改革前就信奉新教的沃杜瓦人。军队扫荡过沃杜瓦人居住的山谷后，只有少数人幸存，但不是做了萨伏伊公爵查理·伊曼纽二世的俘虏，就是被赶进了大雪覆盖的山区，最终在寒冷和饥饿中凄惨地死去。

约翰·弥尔顿写了下面的祷文：

主啊，复仇吧！圣徒遭了大难，
白骨散布在寒冷的阿尔卑斯山脉。
当我们的祖先崇拜木石的时辰，
他们已信奉了你那纯粹的真言；

别忘记他们：请录下他们的呻唤，
你的羔羊群，被那血腥的皮埃蒙特人屠杀在古老的羊栏。
凶手们把母亲和婴孩摔下悬崖，
他们的悲叹从山谷传到山峰，再传到上苍。
请把殉难者的血肉撒播在意大利的土地上，
尽管三重冠的暴君仍然统治着意大利。
种子将繁生，变为千万人，
理解了您的真谛，
他们将及早避开巴比伦式的灭亡。

然而，约翰·弥尔顿的祷文并未应验，沃杜瓦人依旧处于水深火热之中，萨伏伊公爵查理·伊曼纽二世的残暴统治依然如故。奥利弗·克伦威尔不想看到暴行继续上演，便明确告诉法兰西国王路易十四：如果法兰西希望与英格兰结盟，就必须让萨伏伊公爵查理·伊曼纽二世停止宗教迫害行为。路易十四向萨伏伊公爵查理·伊曼纽二世施压后，沃杜瓦人才重获宗教自由。

这种外交结果直接导致了英格兰与西班牙之间的战争。英格兰将领在这场战争中展示出非凡的勇气和才干。威廉·佩恩和罗伯特·维纳布尔的军队虽然未能攻占圣多明各，但保住了牙买加。罗伯特·布莱克突破了西班牙人的堡垒，冲入突尼斯湾，烧毁了西班牙人的私掠船。在返航路上，罗伯特·布莱克接到了命令。命令要求他率舰队在西班牙海岸附近游弋，尽可能多给从美洲回来的西班牙运宝船制造麻烦。于是，罗伯特·布莱克领率舰队游弋于西班牙海岸，给西班牙商船造成了极大威胁。

第38章

护国公时期第二届议会

精彩看点

奥利弗·克伦威尔再次召集议会——奥利弗·克伦威尔在议会上致辞——奥利弗·克伦威尔排挤异己——截获西班牙运宝船——议会修订宪章重新恢复两院制——议会提出《恭顺请愿建议书》——奥利弗·克伦威尔拒绝接受国王头衔——奥利弗·克伦威尔再次解散议会

战争耗资巨大。虽然奥利弗·克伦威尔努力筹措军费，但军费仍有八十万英镑的缺口。现在，他急需议会同意向所有国民摊派这笔费用。虽然奥利弗·克伦威尔可以像查理一世那样解散议会，但对失去议会支持还是有所顾虑的。他知道自己的工作有多么艰难，单凭一己之力是无法救国家于危难之际的。他能做到的就是号召国民发起自救行动。他身心俱疲，再次召集议会，希望这个代表全体国民意志的机构能与自己通力合作。

1656年9月17日，议会大会开幕致辞时，奥利弗·克伦威尔开诚布公地谈了自己对目前英格兰形势的看法，表达了与西班牙作战到底及果断镇压国内骚乱的决心。但在谈到行动原则时，奥利弗·克伦威尔表露出了内心真正的想法。他说："自上届议会成立以来，我们就想让民众看到，为他们争取信仰自由是我们的行动指南，我奉劝少数人不要总是以宗教问题为借口发动暴乱。"然而，所有骚乱平定后，奥利弗·克伦威尔再也难以用平等的眼光看待所有基督徒的生活和思想了。在他看来，"王党派的兴趣"就是"要在全国各地为非作歹、破坏社会秩序、宣扬异教思想。这些行为对天主教和英格兰贵族都是一种亵渎"。想到清教徒曾经遭受的打击，奥利弗·克伦威尔痛苦不已，"良心告诉我，在这个国家做十五年、十六年或十七年的基督徒是一种耻辱。这是一种清教徒人格遭受践踏的耻辱"。不过,他接着又说:"看着那些胆大妄为之徒亵渎神灵真令人羞耻,但上帝会保佑你①成为赐福给国家的人,让你担当在世上除恶行善的大任。行善就要尊重每个人的灵魂和精神。灵魂与精神在,人就在!如果人的灵魂与精神纯洁,那么人活得就有意义;如果人的灵魂与精神不纯洁,那么人和野兽就没有什么区别,任何举动都会给他人带来伤害。"清教徒的全部精神信仰就浓缩于这些话语之中。约翰·弥尔顿的假面剧《科摩斯》变成了现实。当然,清教思想的缺点也暴露无遗。他不能接受人们有不同于他的精神生活方式,无法理解为什么那么多英格兰人在宗教崇拜时非得追求一种仪式感。

　　奥利弗·克伦威尔不愿和信仰不同的人共事,于是将这些人逐一排挤出了议会。遭到排挤的议员约占议会的四分之一,一百人左右。奥利弗·克伦威尔想召入的议员不是要代表民意的人,而是愿意支持他实现其理想政府模式的人。

　　因此,与第一届议会相比,第二届议会给了奥利弗·克伦威尔更多的支持。不久,好消息便传来了,斯泰纳和罗伯特·布莱克率领的英格兰舰队截获了西班牙人从美洲运回的一大批金银财宝。满载金银财宝的三十八辆货车浩浩荡荡穿过大街,驶向伦敦塔。奥利弗·克伦威尔的威望大增。

　　奥利弗·克伦威尔与这届议会的关系日益融洽。议会投票通过了奥利弗·克伦威尔征税的提议,奥利弗·克伦威尔也把军事管制区的少将撤了回来。但不久传来有人欲谋杀奥利弗·克伦威尔的消息,这样的消息虽不是第一次传来,但还是引起了议会的不安。议会誓要确保奥利弗·克伦威尔安全。不过,议会的做法让奥利弗·克伦威尔感到一院制议会有

---

① 指奥利弗·克伦威尔。——译者注

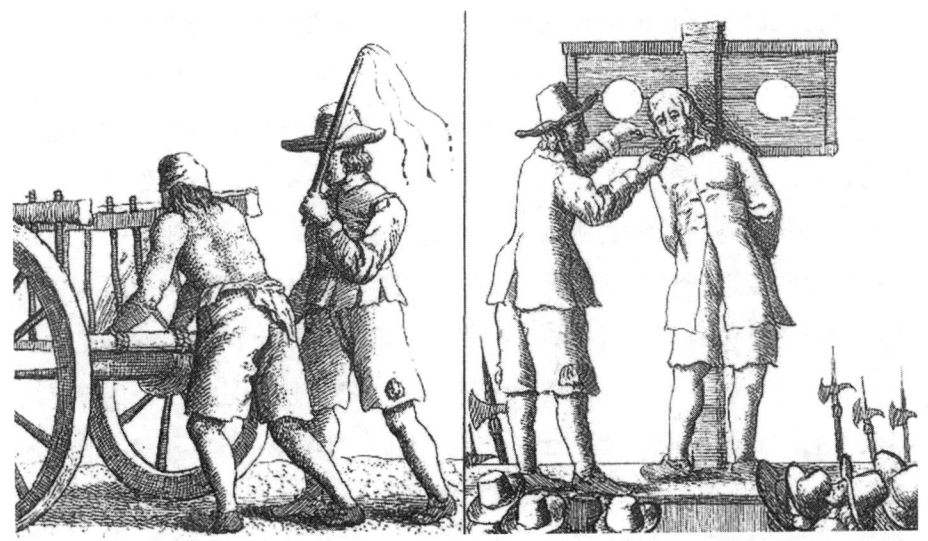

詹姆斯·内勒被处以鞭打、钻舌等酷刑

专制化的倾向。一个精神不太正常的狂热分子詹姆斯·内勒曾在布里斯托尔和英格兰西部地区搞过个人崇拜。议会对他审判后，处以鞭打、烙印、钻舌等酷刑。奥利弗·克伦威尔虽然反对如此酷刑，却苦于没有司法干涉权。他希望尽快修订宪章，以终止代议制议会行使司法权。

经过漫长的辩论，议会终于通过了修订后的宪章。显然，避免各种恶行发生的办法就是恢复旧宪章中的某些规定。议会重新恢复了上议院和下议院两院制；国务委员会重新划归枢密院；虽然排除王党派的规定得以保留，但护国公再也无权排除两院中经正规选举而产生的议员了。不过，奥利弗·克伦威尔获得了任命护国公继任者的权力，还将长期获得一笔维持陆海军队运转的固定资金。推行宗教宽容政策也被写入了宪法，但宽容政策只适用于所有热爱和平的基督徒，并不适用于圣公会教徒和罗马天主教徒。

目前看来，为打破公认的政治困局，英格兰最好还是恢复原有的宪政体制。由新设的上议院负责督查下议院的工作，防止其走向专制道路。议会提出了《恭顺请愿建议书》，建议恢复王室，由奥利弗·克伦威尔当国王。经过一番考虑后，奥利弗·克伦威尔没敢接受国王的称号，只同意了其他建议。1657年6月26日，奥利弗·克伦威尔再次当选为护国公后，议会会期结束。

奥利弗·克伦威尔之所以拒绝接受国王头衔，是因为他担心军队的高级将领和查理一世的旧部可能表示反对，而且接受国王头衔很可能会毁掉他的一世英名，今后他将再难服众。我们知道，国王的权威是靠世袭制的古老传统维护的，而奥利弗·克伦威尔的权威是靠自己的赫赫功绩赢得的，如此丰功伟绩令继任者望尘莫及。因此，把奥利弗·克伦威尔称为国王实在是一件非常滑稽的事情，这会让其身份变得不伦不类。

如果奥利弗·克伦威尔称王，那么新生贵族该有怎样的地位？1658年1月20日，议会再次召开会议时，议院的结构发生了变化。奥利弗·克伦威尔的主要支持者均进入了上议院；根据宪法规定，曾被排除出议会的议员再次当选。结果，新下议院对上次议会会议做的一切都提出了质疑。作为民选代表，下议院议员热情地投入到工作之中。他们不仅抵制新上议院，还直接威胁到了护国公的统治地位。1658年2月4日，奥利弗·克伦威尔在发表了一场悲愤的演讲后，再次解散了议会。

第39章
奥利弗·克伦威尔之死

精彩看点

奥利弗·克伦威尔无法平衡上议院和下议院的利益——英法联军击败西班牙军队——奥利弗·克伦威尔打击反对派——奥利弗·克伦威尔患病——奥利弗·克伦威尔去世

就当时的情况而言，奥利弗·克伦威尔的做法无疑是正确的。下议院议员口口声声要代表国民发言，但他们与打着代表贵族利益旗号的上议院一样表现得荒谬可笑。事实上，双方都没有完全代表他们声称要代表的群体的利益。因此，从长远来看，互相争斗的他们是不可能有所建树的。奥利弗·克伦威尔曾把自己比作一位给争斗双方维持秩序的治安警察，这份工作对他的挑战无疑是巨大的。最后，无奈的他带着哀伤的口吻道："与上帝相比，我们不过是在地上爬行的蚂蚁；我宁愿开心地在大树底下过活或放羊，也不愿掌管这样的政府。"他曾向议会描绘过自己的宏伟理想：全身心地维护平等和正义，照顾好上帝的子民，不让他们受到任何压迫，让他们都能享有宗教自由。但国民想要的不是这些，而是别的东西。正如奥利弗·克伦威尔指出的那样，他们只向往富足奢华的生活。而清教徒规则却过于严苛，很少考虑人性的弱点。清教主义者还武断地认为，除了清教思想，世上再无真理和圣洁，并将这一思想强加给了全体国民。虽然清教思想并非要求人们必须清心寡欲，必须放弃对美好生活的追求，但为数众多的人还是受此影响，过着清苦的生活。他们的生活中没有了蛋糕、啤酒、五月花柱舞、露天剧场，没有了他们曾喜闻乐见的各种娱乐活动。时间久了，反抗在所难免，人们开始对这种虚伪的思想发起了猛烈的抨击。奥利弗·克伦威尔本人和他召集的议会均未得到民众认可。所谓的上议院和下议院在民众眼里不过是跳梁小丑。奥利弗·克伦威尔之所以未被嘲笑,是因为他手里握有生杀予夺的军权。

在奥利弗·克伦威尔生命的最后一段日子里,英格兰对外作战取得了辉煌的胜利。1657年,六千名英格兰士兵加入了法兰西反抗西班牙的战争。1658年,英法联军在杜内斯战役中获胜,收复了敦刻尔克。法军将领对纪律严明、作战勇猛的英军士兵赞不绝口。但在国内,奥利弗·克伦威尔面对重重困难。许多他曾经的好伙伴开始对他心生不满,有人想设计谋害他,有人希望王权复辟,有人想建立共和国。奥利

杜内斯战役

弗·克伦威尔对反对派均进行严厉打击。1658年夏，有人呼吁组建新议会，但新议会即使组建起来，也难逃上两届议会的命运。因为新议会再也不会接受护国公武力干涉其决定的做法了，而护国公也不会再将政府管理的任务交给他认为不负责任的议会了。

叱咤风云的奥利弗·克伦威尔最终也难逃病痛的折磨。时代赋予他的使命已经基本完成。1658年8月6日，奥利弗·克伦威尔痛失爱女伊丽莎白·克伦威尔。这时，虽然他只有五十九岁，但长期的思虑和操劳让他的健康状况急转直下。1658年8月21日，奥利弗·克伦威尔的病情开始恶化。当然，不少英格兰人牵挂着他的健康。"人们一反常态，或在公共场所，或在自己的家里，纷纷为他的健康做起了祷告。"然而，所

伊丽莎白·克伦威尔

有一切都徒劳无功。连续数天，他都卧床不起，随时可能会跟随上帝的召唤而去。某些担忧偶尔划过他的意识。他一遍又一遍地喃喃道："让上帝带走……真是太可怕了。"但不一会儿，他又忘了这些担忧。"上帝总会向我们兑现诺言，会的，一定会的，阿门。""上帝总是在宽恕我，让爱充满了我的灵魂。我虽为卑微之人，但爱上帝，也是上帝的宠儿。我是一名征服者，而耶稣基督让我变得更加强大。"

1658年8月30日，一场暴风雨席卷了整个英格兰。王党派人士说，这是魔鬼在招暴君的魂。奥利弗·克伦威尔已无力回敬他们了。在狂风肆虐的呼啸声中，他做了生命中最后一次祷告。他喊道："主啊！虽然我是卑微之人，但您愿意和我立约。为了您的子民，我愿意来到您身边。是您成就了我，为您代言、善待您的子民我心甘情愿。虽然有人盼望我死去，但多数人还是颂扬我。主啊，您无论如何发落我，请继续善待您的子民。继续改造他们的思想，让他们团结一心，互助互爱，让基督的圣名闪耀整个世界。请教导他们听从您的旨意，也请您原谅这些卑微如蠕虫的人吧，毕竟他们是您的子民。看在耶稣基督的份上，请原谅我只能做这么短的祷告。最后，请给我们一个安详的夜晚吧，阿门。"三天后，即1658年9月3日，一代伟人奥利弗·克伦威尔安详地离开了人世，而这一天正好是邓巴战役和伍斯特战役纪念日。

第40章

无政府状态

精彩看点

清教徒革命成果回顾——理查·奥利弗·克伦威尔任护国公并组建议会——军队废除护国公制并解散议会——军队组建"残缺议会"——镇压王党军——军队夺走政治大权——军队将权力归还"残缺议会"

随着奥利弗·克伦威尔的离世，清教徒革命已完成了其既定的使命。这场革命源于两方面诉求：政治上，国民意志要高于王室意志；宗教上，要摆脱威廉·劳德主教制度的桎梏。革命的结果是，长期议会战胜了国王，拥有了最高权力，但议会内部在宗教问题上意见并不一致，新的问题随之产生。如果当初就让宗教问题自然发展，那么就不会有后来持续多年的宗教宽容政策了。然而，拥有兵权的人站在宗教宽容的立场上，用手中的刀剑胁迫整个国家顺从了他们的意志。宗教信仰的多样性本该是自由发展的结果，而不应是武力强求的事情。在宗教宽容方面，奥利弗·克伦威尔与黎塞留的做法不同。如果把国家比作黏土，奥利弗·克伦威尔就是喜欢将黏土塑造为陶器的陶工。他希望国民永远保持合作的态度，无论事关宗教信仰还是政治追求。英格兰的发展史对他影响深远，他欣赏西蒙·德·蒙特福特与王储爱德华之间的政治斗争[①]，

---

① 英王亨利三世在位期间，对内横征暴敛，对外战争屡败。1264年，亨利三世的妹夫、贵族领袖西蒙·德·蒙特福特率领部分贵族、骑士、市民和农民发动叛乱，在路易战役中击溃亨利三世的军队，夺取了政权。亨利三世的儿子、王储爱德华也被扣为人质。为了争取广大人民的支持，西蒙·德·蒙特福特主持召开了英格兰历史上第一次由选举代表参加的会议，除了支持他的二十三名贵族，每个郡选出两名骑士代表、每个城市选出两名市民代表参加议会。这次议会在宪政史上具有里程碑意义，西蒙·德·蒙特福特也被称为"议会之父"。1265年，王储爱德华在伊夫舍姆战役中打败西蒙·德·蒙特福特，帮父亲亨利三世夺回了政权。——译者注

不喜欢查理五世与弗朗索瓦一世的政治斗争。为此，他总是挑战不可能，对身边的人总是提出很高的要求。不过，总有一天整个国家都会记住他伟大的理想，并坚定地追求下去。

奥利弗·克伦威尔的护国公制度得到了军队、律师和政治家的支持。他们认为一院制议会独大的政体只能导致暴政和国家混乱。奥利弗·克伦威尔去世后，律师和政治家拥立他的儿子理查·奥利弗·克伦威尔为新的护国公。1659年1月27日，理查·奥利弗·克伦威尔组建了新一届议会。

平和愚钝的理查·奥利弗·克伦威尔是律师和政治家心中护国公的最佳人选，但曾与奥利弗·克伦威尔共同历经过和平与战争岁月的军队并不这么认为。他们不排斥护国公制度或议会制度，但对民权高于军权的规定十分不满。他们要求军队有任命军官的权力，想推选奥利弗·克伦威尔的女婿约翰·雷诺兹做军队的统帅。议会当然要维护自己的权威，不同意军队的请求。1659年4月22日，军队一气之下解散了议会，废除了护国公制。理查·奥利弗·克伦威尔没有表示任何反抗，他父亲一手建立的政治体制就此终结。

当然，军队也没敢以自己的名义统治英格兰，而是将1653年长期议会被解散后仍留在伦敦的一些下议院议员重新召集起来，组建起所谓的"残缺议会"，由威廉·伦索尔出任议长。虽然残缺议会只有四十二名议员，但他们对权力的追求比任何一位合法的国王更执着。他们趾高气扬地跟军官们说："希望你们能忠于议会和共和国，为议会和共和国服务。"他们还称，奥利弗·克伦威尔统治时期的法令均已失效，之前为护国公征收税款的人现在应该继续为他们服务，征收各种必要的税款。军官们对他们的言行万分愤怒。约翰·兰伯特说："我真搞不明白，我们对他们那么仁慈，他们为什么要这样对待我们？"

看来，双方的冲突不可避免。不过，一场王党派的起义将冲突推

约翰·兰伯特

后了一段时间。军队的战斗力毋庸置疑,约翰·兰伯特率军在温宁顿大桥成功地将乱党镇压了下去。凯旋的军官们向议会提出了较高的补偿要求,却遭到了议会拒绝。1659年10月13日,到达威斯敏斯特的议员们发现,议院的入口有士兵把守,不准他们进入。威廉·伦索尔问道:"难道你们不认识我吗?"士兵们答道:"温宁顿大桥战役时,如果你支持过我们,我们就认识你。"

双方充满火药味的语言反映了当时的情况有多么严峻。军队对议会表现得非常不屑,从议员手里夺走了政治大权,但并不会治国理政。

在这个世界上，无论一支军队多么训练有素，如果不具备管理国家的能力，是不可能长期维持至高地位的。说到底，军队还是由人组成的，如果没有领袖领导，就是一盘散沙。没有奥利弗·克伦威尔领导的军队就是这样的一盘散沙，除了索要最高政治权力，什么都不会做。而权力真正到手后，军队内部反而乱成了一锅粥。朴茨茅斯的驻军就宣布要反对伦敦军官的决定；而伦敦的驻军将士发现，其长官执掌政府之后，反而经常领不到军饷了。1659年12月24日，军队再次召来了已退休的威廉·伦索尔。1659年12月26日，残缺议会的成员也都被召集起来。一切回归原状，好像什么都没发生过一样。

第41章

王权复辟

精彩看点

驻苏格兰军队统帅乔治·蒙克率军返回英格兰——乔治·蒙克率军进入伦敦——长期议会彻底成为历史——民众呼唤君主制——发布《布雷达宣言》——查理二世复辟

一直不支持王权专制的人们对军队如此出尔反尔的霸道行为已忍无可忍。军队内部也出现了不和谐的声音。英格兰在苏格兰驻军的现任指挥官是乔治·蒙克，他是个冷漠、寡言的人，工作态度不够积极热情。内战初期，他曾是王党军的将领，后来转投议会军。他对奥利弗·克伦威尔非常崇拜，甘愿为奥利弗·克伦威尔效犬马之劳。但他非常清楚，一个伟大王国的政府管理工作不应完全交给军队的统帅去做。约翰·兰伯特和约翰·雷诺兹似乎就不明白这一点。乔治·蒙克告诉自己，只要理查·奥利弗·克伦威尔做一天护国公，他就应该对他忠贞不二。后来，乔治·蒙克说："是理查·奥利弗·克伦威尔自己放弃的，我没有违背对他父亲的承诺，我永远都怀念他。"

　　听说军队解散了理查·奥利弗·克伦威尔的政府后，乔治·蒙克准备采取行动了。在苏格兰议会的支持下，他筹集了一笔军费。1660年1月1日，他率军进入了英格兰边境。1660年1月11日，他率军抵达约克。在随后与托马斯·费尔法克斯的谈判中，他拒绝接受可能改变内战成果的任何变化。他不同意让普莱德肃清运动[①]中被驱逐的长老会派议员重返议

[①] 1648年12月，由托马斯·普莱德上校指挥的新模范军将所有不支持军队领袖的长老派议员强行从长期议会中驱逐，使议会沦为军队的工具，史称"普莱德肃清运动"。——译者注

乔治·蒙克

会,也反对重新在英格兰拥立一位国王的计划,因为这两种做法均会破坏英格兰内战的成果,最终会激起现行秩序确立者的强烈不满。

1660年2月3日,乔治·蒙克率军进入伦敦。在是否应该恢复王权一事上,他没有表现出十分明确的态度。他不反对组建新政府,也不排斥王权复辟。他只想先静观事态变化,再做判断。1660年2月8日,伦敦市民宣称,他们不会再给国家纳税了,因为掌握国家命运的四十二名议员中没有他们选出的代表;没有代表,就不该纳税。危机随之而来。乔治·蒙克奉命率军前往伦敦城内镇压抗税的市民。一开始，他对抗税市民毫不同情，还向他们不断施压。但后来，他发现残缺议会的所作所为确实过分，理应遭到市民的抵制。目睹民众的疾苦后，乔治·蒙克认为再也不能让残缺议会对英格兰发号施令了。

1660年2月10日晚，乔治·蒙克在伦敦城内召集自己的军官开会，讨论并通过了他写给残缺议会的一封信。信中，乔治·蒙克要求议会在八天之内发布增选议员的公文，以填补目前议会的空缺席位，并要求残缺议会于1660年5月6日前解散。1660年2月11日一早，消息便传遍了伦敦的大街小巷；晚上，所有街道燃起了庆祝的篝火。这预示着残缺议会必将化为历史的灰烬。

然而，残缺议会并没有发布议员增选令，人们不得不另想办法。1660年2月26日，曾遭驱逐的长老派议员被重新召回议院，他们成了议会的多数派。解散当前残缺议会的决议顺利通过，新一轮议员选举即将开始。1660年3月16日，长期议会就以这样的方式走到了尽头。

王权复辟已是大势所趋。英格兰人民一心想摆脱军队控制政府的体制，最近接连更迭的几种政体形式均让他们感到失望，他们自然会怀念过去几个世纪一直能保证英格兰繁荣发展的君主制。君主制的暂时衰落是查理一世自身原因造成的，并非这种政治制度本身就存在严重的问题。

《布雷达宣言》的颁布宣告了斯图亚特王朝的成功复辟。在这份著名宣言中，查理二世表示：他将大赦所有革命参与者，不对他们定罪；他会保障革命期间各方人士所获土地和财产的安全；他保证在英格兰推行宗教信仰自由政策。《布雷达宣言》体现了奥利弗·克伦威尔一再主张的政治观点：只要不危及英格兰的和平，任何人都有思想自由和信仰自由，不应该因发表不同观点或坚持不同信仰而遭到质问和迫害。

1660年4月14日，新一届议会召开会议。本届议会议员均经自由选举产生，曾受残缺议会排挤的王党派人士也有资格当选为议员。议会一致通

查理二世抵达多佛港,受到民众热烈欢迎

过了召回国王的决定。1660年5月25日,查理二世抵达多佛港,受到民众热烈欢迎。1660年5月29日,查理二世在自己生日的当天进入伦敦。议会军在布莱克希思列队迎接他的到来。由于高层内部出现分裂,军队权力尽失,士兵们纷纷要求解甲归田,将管理国家的任务交给了别人。

第42章

王权复辟后的宗教状况

精彩看点

建立三权互相牵制的治国模式——宗教宽容政策受挫——不信奉英格兰国教者受制——骑士议会出台一系列排斥异教法案——约翰·弥尔顿的《失乐园》和《复乐园》——清教思想的未来

王权复辟后，新诞生的政府试图将1641年讨论过的政治原则付诸实施。在召回查理二世前，议会已经通过了由国王、上议院和下议院三方共同管理国家的决定。在三方力量中，任何一方都不可独立于另外两方而单独行事。奥利弗·克伦威尔以前针对下议院的反制措施也被支持王权复辟的政客们保留了下来。

不过，奥利弗·克伦威尔一贯倡导的宗教宽容政策遭遇了挫折。虽然《布雷达宣言》中写明，在英格兰实施宗教宽容政策，但英格兰人民并不接受。英格兰人民认为，宗教宽容就是军队独裁者和缺乏教养之徒布道的代名词，必须予以抵制。最后，人们重新翻出了《国民祈祷书》，恢复了主教制，那些用其他形式做礼拜的人遭到了严惩。查理二世对此睁一只眼闭一只眼，任凭事态不断恶化。宗教信仰自由事业遇到了前所未有的困难！威廉·劳德和查理一世的力量容易抵制，但人民大众的力量谁又能阻挡呢？

但绝望中往往也蕴含着希望。威廉·劳德模式是由少数宗教权威凌驾于大众之上的模式；清教徒模式是由少数军队高官凌驾于大众之上的模式。少数人占据统治地位时，统治者必须时刻保持警惕，不敢有丝毫懈怠，以防各种危险情况发生，而多数人占据统治地位时，统治者则会有较高的安全感。

王权复辟后的几年里，骑士议会——有时也称"复辟长期议会"——担心奥利弗·克伦威尔派系会发动起义，于是便对其采取了高压措施。针对不信奉英格兰国教者的法令接二连三地出台。1662年8月24日，拒绝遵守英格兰国教规定的神职人员均遭到了驱逐。1664年，《集会法案》出台。该法案规定非国教徒举行集会将面临罚款、监禁或流放的处罚。1665年，《五英里法案》出台，该法案禁止所有遭驱逐的神职人员进入市镇周边五英里的范围，还禁止他们在自己的生活区内兴办学校。

语言称谓上的显著变化也说明了骑士议会搞的宗教迫害有多么严重。"清教"和"非国教"的称谓渐渐不用了，取而代之的是"异教"这样的称谓。查理一世统治时期，非国教者主张他们要在英格兰的教会体系中拥有一席之地，并要对教会体系进行完善；查理二世统治时期，异教者只求能够在教会体系之外生存，希望自己的宗教信仰能得到平等对待，根本不敢奢望去改变教会体系。毋庸置疑，人们要想彻底理解这种态度的转变是需要一定时间的，但一旦人们从心里接受了这种态度的转变，实施宗教宽容政策也许就会顺利得多。只要异教者愿意向教会做出一些妥协，放弃一些主张，教会就不会一味固执地限制他们的各项权利了。毕竟，异教者的信仰并不会从根本上改变英格兰教会的整个体系。

然而，人们要在很多年后才能真正理解异教者为什么会出现这种立场上的转变。过去的宗教纷争和宗教迫害已让异教者和教会之间产生了隔阂，而当前的政治分歧又加深了他们之间的隔阂。虽然骑士议会中有些议员对异教者表示同情，但多数议员决意要将他们从政治领域和宗教领域中完全排挤出去。1661年出台的《市镇自治法案》就反映了骑士议会的这一意图。《市镇自治法案》规定，所有担任市政职务的人都必须"按照英格兰教会的要求参加圣餐领受等圣事活动"，并宣誓放弃以前长老派的《国民契约》。这样一来，只有忠于国王的国教徒才能担任市政职务，而市政当局又可决定下议院议员的人选。

如果议会只是要求异教者发誓不使用武力对抗王室，那么大多数人是不会拒绝的。因为异教者发现，过去抵制王室的行为并未给他们带来期望的结果，而现在的抵制行为几乎没有成功的可能。因此，他们觉得与其冒险做一件没有结果的事，还不如安分地过好自己的日子。不过，一些人仍然对马斯顿荒原战役和纳斯比战役获胜的经历津津乐道。他们认为，任何人都无权凌驾于其他人的意志之上，控制其他人的生活。他们拒绝按照议会的要求宣誓。这向后世传递了一个重要的思想原则：没有谁可以拥有至高无上的地位，还可以不用对任何人负责。然而，这一思想原则却与当时大多数民众期盼王权复辟的政治大环境格格不入，自然会被当局抛弃。

　　对清教思想的抵制呈现出许多新的形式，不再局限于空喊政治口号和宗教口号了。放荡奢靡之风再度盛行。查理二世自登上英格兰王位后，便开启了放纵享乐的生活。针对这种奢靡之风，当时已双目失明的诗人约翰·弥尔顿花了七年时间创作出《失乐园》这篇透露着清教思想的伟大史诗。《失乐园》不像《伊利亚特》一样描绘战争场面，也不像《奥德赛》一样讲述英雄的海上传奇经历，更不像《埃涅阿斯记》一样讲述英雄异地建国的故事。《失乐园》讲述的是为了保护人类灵魂的纯洁性，上帝与撒旦之间展开的一场较量。约翰·弥尔顿在年轻时曾写诗称，外在美是内心纯洁的体现。在《失乐园》中，他进一步表达了这样的思想，告诫人们要抵制住外在的诱惑，守住内心的纯洁。

　　《复乐园》是约翰·弥尔顿继《失乐园》之后的又一篇史诗巨作。耶稣为拯救人类被钉死在了十字架上，这被基督世界视为救赎行为的主要部分。有人在讨论救赎行为时，强调的是肉体遭受的折磨和痛苦；有的人在讨论救赎行为时，强调的是肉体之外意志和心灵的牺牲。而约翰·弥尔顿在谈论救赎行为时，告诫人们要抵制和蔑视世间邪恶的诱惑；邪恶势力正是抓住了人性的弱点才让人们犯下了种种错误，这是清教徒关于基督教原罪认识的理论基础。在《失乐园》一诗中，米迦勒准备打发亚当离开伊甸园时告诉他说，真正的乐园就在他的内心。米迦勒说：

> 但你要加上
> 熟悉的知识；加上信念；
> 加上美德，耐心，节制；还有爱，也就是仁爱；
> 再加上灵魂等；
> 那么你离开这座乐园时
> 就不会不开心
> 你的内心会拥有一个
> 更快乐的乐园。

《复乐园》结尾出现了同样的思想。天使对战胜诱惑的亚当歌颂道：

> 现在，你的大仇已报，
> 被赶走的亚当，
> 战胜了诱惑，
> 重获失去的乐园。

这几句诗要表达的是：战胜原罪只是积极工作的开始，真正的清教徒必须战胜所有罪孽，保持心灵的纯洁。《复乐园》长诗结尾处天使的颂歌就反映了这样的清教理想：

> 万岁！上帝之子，两个世界的继承人。
> 你就是撒旦的克星！完成了光荣的使命。
> 战胜了诱惑，开始拯救人类吧。

但丁·阿利基埃里

　　这样的理想和中世纪另一位伟大的基督教诗人、政治思想家但丁·阿利基埃里的理想有很大的不同。但丁·阿利基埃里认为，在对上帝正义的默祷过程中，人的肉体会渐渐变得疲乏而虚弱，而意志和心灵则最终完全服从上帝，追求至善的苦难历程终有结局。最后，在探求神性的奥秘时，但丁·阿利基埃里的视力开始出现问题，舌头开始不听使唤。他告诉我们，"让太阳和星球运转的爱也将我的欲望和意志变为了轮子，与神圣的世界维护者同步运转起来"。这首中世纪的伟大诗歌[①]就

---

① 即《神曲》。——译者注

是以这样一句话结束的。在天主教徒但丁·阿利基埃里看来，个人意志完全服从神的意志是基督徒生活的最终目标，再也想不出比这更圆满的结局。但在清教徒约翰·弥尔顿看来，人的意志服从神的意志才是一切工作的开始。

这种特殊的清教主义观及崇拜形式可能会慢慢淡出人们的思想和视线，但也有可能成为少数人珍贵的财富。无论如何，清教主义的精神永远不会消亡。严谨的清教主义者有强烈的社会责任感，甘愿为大众利益无私奉献，这一直是英格兰民族性格的重要组成部分。此外，清教主义者还是遵纪守法的楷模。他们不仅严格遵守国家的各项法令，还始终严守教会的各种规章。只要整个社会发展需要，清教主义者甚至不惜牺牲个人或所在派系的利益。

约翰·弥尔顿弥留之际仍然坚信，未来一定会为他伸张正义。他在《力士参孙》这篇长诗中表达了对邪恶势力暂时获胜的不屑和蔑视。虽然因循守旧的教会和滥用暴力的法庭让约翰·弥尔顿陷入了英雄无用武之地的尴尬境地，但他仍然借双目失明的力士参孙之口表达了自己的理想和抱负。他在写出如下的诗句时，想到的主人公就是他自己：

> 这一天，他们为海神达贡办了一场盛宴，禁止一切劳作。
> 他们的迷信让我得到了片刻休息，但我不想休息。
> 我离开吵闹的人群，
> 来到这处偏僻之所，寻找安宁。
> 肉体得到了安宁，
> 但心灵仍不得宁静。
> 万千思绪像带刺的蜂群，
> 向我袭来。
> 想想过去的我是什么样子，现在的我就该是什么样子。

力士参孙

约翰·弥尔顿虽然对自己的境遇感到沮丧,但对英格兰来的未来却充满了希望。《力士参孙》诗剧最后有这样的唱词:

> 万事皆圆满
> 我们总怀疑大智者的所为
> 究竟能给我们带来什么
> 一切都是最好的安排。
> ……
> 侍从们从这伟大的事件里学到了真正的经验,
> 在和平与欣慰中散去。
> 平静吧,所有的热情都已燃烧殆尽。

在诗剧中,力士参孙与敌人同归于尽,"他临死时杀的人比之前杀的人还要多"。清教主义者将用尽"所有热情"与邪恶势力发动一场战争,最终会取得比纳斯比战役更好的效果。

第43章

议会反对派崛起

精彩看点

查理二世的治国思想——查理二世统治时期的财政困难——克拉兰敦伯爵爱德华·海德的国王与议会共治思想——克拉兰敦伯爵爱德华·海德遭驱逐——乡村党限制王权的思想

骑士议会没有取得查理一世在长期议会召开前拥有的地位。骑士议会主张：王权神圣不可侵犯；任何人和任何机构都无权向国王问责；任何问题出现，应该由国王的大臣来承担责任。这样一来，骑士议会就可以让政府按照自己的意志行事了。

父亲查理一世的命运就是前车之鉴，查理二世极有可能会接受王权受限的事实，尽管内心多少会有些不情愿。查理二世的思想不像父亲查理一世那样偏执，他能听得进去别人提出的各种意见，会根据形势变化随时调整自己的行为。他对政治非常关心，会尽力去影响那些颇具政治影响力人士的思想。生性懒散的他性格随和，喜欢花天酒地的生活，不愿意过忍辱负重的生活。有过流亡经历的他知道那种生活有多么痛苦，他再也不想重返那样的生活。他经常说："不管再有什么样的事情发生，我都不想再过颠沛流离的生活了。"

查理二世似乎生来就是一位要靠自身影响力而非绝对权力去统治国家的国王，但在至少四分之一的统治时间里，他都面临财政问题。下议院一边为查理二世服务，一边将国家的钱袋子牢牢地攥在了自己手里。下议院知道查理二世的软肋是什么。查理二世生活奢靡，贪图享乐，他身边的人更是有过之而无不及。贪婪的宠臣和情妇每天像水蛭一样趴在他身上，跟他要钱花。曾为查理一世出生入死、巩固基业的人对现在的王室和政府失望至极。

1664年到1667年的英荷战争在英格兰朝野引发了一场危机。支持王权复辟的人分裂成了两派：宫廷党和乡村党。在查理一世统治时期，虽然下议院在自身诉求未得到满足时不会给国王拨款，但议会一旦同意拨款，钱就不再归下议院控制了。现在，乡村党对战争拨款的用途产生了质疑：这些钱到底是用来发放军饷还是在白厅的狂欢中被挥霍了？

乡村党自然会提出这样的质疑。这触及了王权复辟后权力的分配问题。如果下议院对战争拨款的使用有审查权，并且对军费开销有控制权，那么在拒绝征税方面将拥有更大的发言权。

带头对议会拨款用途表示质疑的是查理二世的司法大臣克拉兰敦伯爵爱德华·海德。《大抗议书》通过后，他进入查理一世的枢密院工

17世纪60年代的克拉兰敦伯爵爱德华·海德

17世纪60年代的查理二世

作。在为前后两任国王服务期间,克拉兰敦伯爵爱德华·海德一直坚持国王应该和议会共治英格兰的理念。他既不想看到议会被国王踩在脚下,也不想看到国王遭到议会的践踏。他似乎忘记了一句老话——"二人骑一马,一前一后跨"。这句老话不仅在日常生活中富有哲理,而且同样适用于政治生活。一旦有真正的分歧出现,国王和议会都希望对方能够做出让步。

克拉兰敦伯爵爱德华·海德最终被驱逐,被迫流亡。他是一位严格的道德家,平时对查理二世的私人生活总是说三道四。因此,查理二世不会像父亲查理一世保护白金汉公爵乔治·维利尔斯那样去保护他。

乡村党的立场与异教者的立场相去甚远。异教者拒绝接受不抵抗理论，而乡村党则支持不抵抗理论。不过，乡村党虽然认为武力抵抗王室是不正确的，但同时认为限制王室权力是非常必要的。乡村党认为议会就应该控制王室的开支，以防王室的生活过于奢靡。

第44章
宗教宽容思想的复兴

精彩看点

骑士议会无法解决宗教宽容问题——查理二世接受宗教宽容政策——查理二世希望宗教宽容政策惠及天主教徒——路易十四对查理二世的影响——英、瑞、荷三国联盟与《亚琛和约》——查理二世与路易十四的《多佛密约》——查理二世撤回《信教自由令》——宗教宽容的前景骑士议会想方设法避开宗教宽容问题，结果却徒劳无功。因为这个问题有太多人关注，根本就不可能淡出公众的视野。现在，诸多邪恶因素正在严重地影响整个社会，必须找到合适的方法去战胜它们。奥利弗·克伦威尔曾提出的方案并不完美，而且他依靠军队武力强迫人们去接受该方案的做法终归难以赢得民心。不过，这一方案既然已经摆在了世人面前，就不应总是被人们忽略。

登上王位第一年，查理二世似乎就想表明自己在宗教问题上的立场，即推行比奥利弗·克伦威尔更加宽容的宗教政策。他的努力似乎更容易获得成功，因为他不急于将自己的所有想法在短时间内就强加给全体国民。在他看来，对异教者采取宽容的态度是一种非常实用的策略，他可以借此消除前进道路上的许多险阻，达到化敌为友的目的。他很清楚，现在自己需要静待时机的到来。一旦条件足够成熟，他就会不遗余力地将自己的想法付诸实施。

如果不是过去有特殊情况存在，这样的时机不是不可能出现，斯图亚特王朝的后继者也可能会成为在英格兰实行宗教宽容政策的奠基人。但不幸的是，他们不得不喝下祖父詹姆斯一世调兑的苦酒。詹姆斯一世

查理一世和亨利埃塔·玛丽亚的孩子们,从左到右分别是:安妮、伊丽莎白、查理(后来的查理二世)、詹姆斯(后来的詹姆斯二世)、玛丽

让儿子查理一世娶了一位天主教公主为妻。可以预料,这种联姻一定会带来不幸的结果。查理一世和亨利埃塔·玛丽亚生的孩子都选择了母亲信奉的天主教。小儿子约克公爵詹姆斯·斯图亚特虽然是查理二世后的法定王位继承人,但坚持信奉罗马天主教。无论查理二世推行什么样的宗教政策,他本人的罗马天主教信仰是不会受到影响的。流亡期间,他曾在一个庄严的场合上承认,罗马天主教应该拥有最权威的地位。

罗马天主教很可能从宗教宽容政策中获得好处,这一点让国民对宗教宽容政策充满了抵触情绪。人们对过去的宗教改革斗争仍记忆犹新,也没忘记"火药阴谋"事件。此外,欧洲大陆激进的罗马天主教势力又有所抬头。查理二世时代的法兰西比伊丽莎白一世时代的西班牙更强大。法兰西不仅拥有一支所向披靡、令人胆寒的军队，还在艺术、文学和科学方面遥遥领先于欧洲其他国家。法兰西王室也成了欧洲文明的中心，为世人仰慕。查理二世对表弟①路易十四佩服得五体投地，法兰西王室的生活方式慢慢在白厅流行起来。查理二世不时向路易十四寻求帮助，而不受议会牵制的路易十四对身为英格兰国王的表兄充满了同情，总会出手相助。

路易十四

---

① 查理二世的母亲亨利埃塔·玛丽亚是路易十四的姑妈。其中，查理二世生于1630年，路易十四生于1638年。因此，路易十四是查理二世的表弟。——译者注

之前曾反抗西班牙统治的荷兰共和国现在举起了反抗法兰西扩张的大旗。克拉兰敦伯爵爱德华·海德下台后,在其继任者奥兰多·布里奇曼的影响下,英格兰也曾短暂地加入过反法联盟,共同抵制路易十四的扩张。1668年,英格兰、瑞典、荷兰三方联盟最终成功迫使法兰西签署了《亚琛和约》。

然而,英格兰对法兰西的抵制并未持续太长的时间。1669年,查理二世开始向路易十四不断示好,并于1670年与他签订了《多佛秘约》。《多佛秘约》规定,查理二世须支持路易十四与荷兰作战,并承诺恢复自己的罗马天主教信仰;路易十四则向查理二世提供一笔资金。

在恢复罗马天主教信仰一事上,查理二世失信了。因为这样做太危险了,他不喜欢冒险。1672年3月18日,查理二世向荷兰宣战,履行了他在《多佛秘约》中的另一个承诺。三天前,他颁布了《信教自由令》,允许新教徒在指定场所进行宗教崇拜活动;罗马天主教徒只要不在私人住宅以外的地方进行礼拜可免受法律惩罚。

宗教宽容思想本身不受民众欢迎,对罗马天主教徒的宽容更是激起了民众的极大反感。1673年,议会召开会议时义正辞严地指出《信教自由令》不合法,严重违背了之前的法律规定。毫无疑问,王室特权仍在许多方面不太明确。虽然从都铎王朝流传下来的王权大于教会权的传统基本没变,但王室如果要保有凌驾于国家之上的权力则会引发巨大的争议。《信教自由令》如此不得人心,要想将其真正付诸实施会异常艰难,其实就连异教者也不欢迎《信教自由令》。首先,《信教自由令》本身就不合法;其次,异教者不愿与罗马天主教徒分享所谓的利益。在议会的坚决反对之下,查理二世最终做出了让步,撤回了《信教自由令》。

取得这样的胜利,议会并不满足,随后又通过了《宣誓法案》,旨在将不宣誓信奉国教的文武官员革职。查理二世之弟约克公爵詹姆斯·斯图亚特首当其冲,丢掉了海军大臣的职务。

奥兰多·布里奇曼

约克公爵詹姆斯·斯图亚特

与此同时，下议院通过了一项救济新教徒的提案，但该提案遭到了上议院的否决，未能成为正式法案。

　　斯图亚特王朝被彻底推翻是十五年以后的事情了。关于这十五年的世事变迁，我将会在另一部专著中记述，这里就不再赘述。可以说，目前的英格兰已经踏上了通往1688年光荣革命的道路。奥利弗·克伦威尔当时针对清教徒的宗教宽容政策并未得到教会的支持。顽固信奉罗马天主教的国王[①]登上王位后，天主教势力对教会形成了巨大的威胁。在这种情况下，一些开明的教会成员开始考虑放下对清教徒的成见，准备接纳宗教宽容政策。

---

① 指詹姆斯二世。——译者注

第45章

1688年光荣革命

光荣革命——奥兰治的威廉和玛丽——奥兰治的威廉和玛丽共治英格兰——英格兰宪政制度逐渐完善——英格兰的宗教思想日益宽容

光荣革命后，奥兰治的威廉和玛丽登上了英格兰王位①，英格兰人提出的两方面主要诉求也得以实现。一方面，议会在宪政制度中的重要地位得到了承认，王室大臣的所有行动都要在议会的监督之下进行。另一

奥兰治的威廉和玛丽

---

① 史称"威廉三世""玛丽二世"。其中，玛丽二世是詹姆斯二世的女儿。——译者注

方面，宗教宽容政策和出版自由政策让除罗马天主教之外的各种政治团体享有了更多行动自由，它们不必再费心去管理宗教界和思想界的事务了。从此以后，争取政治权力的斗争就只是为了实现当下某个具体的目标。至于塑造下一代思想的任务，完全可以交给言论自由的出版机构和学术团体，这些机构的行为不会受议会斗争的影响。这让那些反对议会拥有最高权力的有识之士不必再卷入残酷的政治斗争之中。而那些在政治斗争中落败的政客们仍可以在思想阵地上用自己的观点去影响和改变世界；他们不需要再执着地追求权力，因为即使失去权力，他们也不会从此就变得无足轻重。相反，他们仍可用自由的思想影响和改变世界。

1688年的光荣革命似乎实现的是奥利弗·克伦威尔的反对者主张的理念，而非奥利弗·克伦威尔自己的理念。所有政治难题要想得到解决，主要得看议会的投票结果，尤其是下议院的投票结果，而不是执行政府的决定。在过去的日子里，没有哪位国王或首席大臣会考虑率领一队士兵冲进议会大厦，用武力威胁这种野蛮的方式去决定哪些人可以参加投票，哪些人不可以。也没有哪位国王或首席大臣想过要直接抵制议会已经通过的、代表多数国民意愿的法令。不过，没想过不代表不可能，因为奥利弗·克伦威尔和斯特拉福德伯爵托马斯·温特沃斯就曾做过违背民众意愿的事。现在，下议院将司法审判权交给了法官，不再试图去直接统治国家，注意力转到了对统治者的监督和控制上。但上议院的存在让下议院不得不承担起立法的责任，而且上议院良好的自我感觉一直在妨碍下议院行使监督统治者的职能。上议院认为，既然理论上它和下议院是两个平等的机构，那么在现实中它们的地位也应当是平等的。然而，在良好的宪政制度中，应该是某一个机构拥有最高权力，在所有重大事务上享有决定权，但在行使最高权力时应受到一定程度的约束，不能随心所欲，尽可能地考虑其他机构的意见。16世纪的英格兰王室和18世纪、19世纪的英格兰下议院就符合良好宪政制度的上述特征。

目前，英格兰呈现出的可喜局面不只是政治制度变化的功劳。温和中庸的思想、互相让步的精神、倾听不同声音的意愿，这些因素共同构成了孕育英格兰宪政制度的土壤。今后，无论土壤需要怎样改良，英格兰的宪政制度只会越来越完善。17世纪的内战带给英格兰的不仅有先进的宪政制度，还有宝贵的思想道德财富。全心全意为英格兰民族服务的政治家矢志不渝地追求着崇高的事业，其中尤以忧国忧民的约翰·艾略特爵士的贡献为最。而斯特拉福德伯爵托马斯·温特沃斯的悲惨结局可以从反面提醒我们，在推行关乎国家命运的政策时一定要慎之又慎，不可无视民意。福克兰勋爵卢修斯·凯里主张用温和睿智的方法解决宗教和政治问题，反对诉诸武力的愚蠢之举。约翰·弥尔顿呼吁人们追求

斯特拉福德伯爵托马斯·温特沃斯（左）与菲利普·梅因沃林爵士（右）

理性和自由，以实现人生的至高理想。虽然这些伟大的人物都未能实现自己的政治抱负，但他们的思想将永放光芒。乔治·赫伯特和威廉·劳德的宗教思想在长期议会和奥利弗·克伦威尔统治时期经过一定的修正后，再度进入了人们的生活；理查德·薛伯斯和约翰·弥尔顿的宗教思想在王权复辟后也通过《失乐园》和《天路历程》再度流行起来。当不同教派不再拔刀相向时，清教徒严谨的思想、国教徒开阔的艺术视野和灵感就会开始融合，慢慢成为国民气质不可或缺的因素，国民生活也必将因此而变得丰富多彩起来。

译名对照表

James Spedding	詹姆斯·斯本廷
William Edward Forster	威廉·爱德华·福斯特
David Masson	大卫·马森
John Langton Sanford	约翰·兰顿·桑福德
Elizabeth I	伊丽莎白一世
Spanish Armada	西班牙无敌舰队
Peace of Vervins	《韦尔万和约》
Henry IV	亨利四世
Netherland	尼德兰
Richard Hooker	理查德·胡克
The Ecclesiastical Polity	《论教会体制法则》
Francis Bacon	弗朗西斯·培根
William Shakespeare	威廉·莎士比亚
Prospero	普洛斯彼罗
Hermione	埃尔米奥娜
Czar	沙皇
Edward II	爱德华二世
Richard II	理查二世
Henry VI	亨利六世
Court of Star Chamber	星室法庭
Court of High Commission	高等宗教事务法庭
Henry VII	亨利七世
King John	约翰王

Magna Charta	《大宪章》
Henry IV	《亨利四世》
Oliver Cromwell	奥利弗·克伦威尔
James I	詹姆斯一世
Hampton Court Palace	汉普敦宫
George Abbot	乔治·阿伯特
John Bate	约翰·贝特
Great Contract	《大契约》
Gunpowder Plot	火药阴谋
Robert Catesby	罗伯特·凯茨比
Flanders	佛兰德斯
Guy Fawkes	盖伊·福克斯
Walter Raleigh	沃尔特·罗利
Tower	伦敦塔
Orinoco	奥里诺科河
Plymouth	普利茅斯
Barnstaple	巴恩斯特普尔
Robert Carr	罗伯特·卡尔
Somerset	萨默塞特
Robert Devereux	罗伯特·德弗罗
Frances Howard	弗朗西丝·霍华德
George Villiers	乔治·维利尔斯
War of Bohemia	波希米亚战争
Frederick V	腓特烈五世
Moselle	莫塞尔河
Bohemian Revolution	波希米亚革命
Ferdinand II	斐迪南二世
Horace Vere	贺拉斯·维尔
Western Palatinate	西巴拉丁
White Hill Battle	白山战役
Protestant Union	新教联盟
Christian IV	克里斯蒂安四世

Richard Weston	理查德·韦斯顿
Henry Montagu	亨利·蒙塔古
Newmarket	纽马克特
Hounslow Heath	豪士罗荒地
John Digby	约翰·迪格比
Upper Palatinate	上巴拉丁
Ernst von Mansfeld	欧内斯特·冯·曼斯费尔德
Count of Tilly	蒂利伯爵
Johann Tserclaes	约翰·塞克拉斯
Robert Phelps	罗伯特·菲尔普斯
Maria Anna	玛丽亚·安娜
Ferry at Gravesend	格雷夫森德渡口
Henrietta Maria	亨利埃塔·玛丽亚
Philip IV	腓力四世
Gregory XV	格里高利十五世
Elisabeth of France	法兰西的伊丽莎白
Heidelberg	海德堡
Earl of Middlesex	米德尔塞克斯伯爵
Lionel Cranfield	莱昂内尔·克兰菲尔德
Dutch Republic	荷兰共和国
Edward Cecil	爱德华·塞西尔
Cadiz Bay	加的斯湾
La Rochelle	拉罗谢尔
Westminster	威斯敏斯特
John Eliot	约翰·艾略特
Pericles	伯里克利
Sejanus	塞扬努斯
Tiberius	提比略
Ranulph Crew	拉努夫·克鲁
St. Martin's	圣马丁要塞
William Feilding	威廉·菲尔丁
Thomas Wentworth	托马斯·温特沃斯

John Felton	约翰·费尔顿
Katherine Manners	凯瑟琳·麦纳斯
Prayer Book	《祈祷书》
Richard Montague	理查德·蒙塔古
Common Prayer Book	《国民祈祷书》
Durham Cathedral	达勒姆大教堂
John Pym	约翰·皮姆
Denzil Holles	丹泽尔·霍利斯
Chambers	钱伯斯
Cornwall	康沃尔
Richard Weston	理查德·韦斯顿
William Laud	威廉·劳德
Humber	亨伯
Alexander Leighton	亚历山大·莱顿
Henry Sherfield	亨利·谢菲尔德
Gustav II Adolf	古斯塔夫·阿道夫二世
George Abbot	乔治·阿伯特
George Herbert	乔治·赫伯特
Bemerton	伯莫顿
Salisbury	索尔兹伯里
Richard Sibbes	理查德·薛伯斯
Gray's Inn	格雷律师学院
Mayflower	"五月花"号
Cape Cod	科德角
Plymouth	普利茅斯
John Winthrop	约翰·温思罗普
Hue's Folly	修斯弗利
A Fresh Suit against Human Ceremonies	《对人类仪式的新控诉》
Thomas Richardson	托马斯·理查德森
Declaration of Sports	《活动公告》
Arminianism	阿米念主义
Jacobus Arminius	雅各·阿米念

William Prynne	威廉·普林
Scourge of Stage-players	《戏剧演员的灾难》
John Milton	约翰·弥尔顿
Lancelot Andrewes	兰斯洛特·安德鲁斯
Napoleon III	拿破仑三世
William Noy	威廉·诺伊
Henry Burton	亨利·伯顿
collar-days	领环日
Guernsey	根西岛
Scilly	锡利岛
Lycidas	《利西达斯》
Ulster	阿尔斯特
Edinburgh	爱丁堡
National Covenant	《国民契约》
James Hamilton	詹姆斯·汉密尔顿
Berwick	贝里克
Dunse Law	邓斯劳山
The Treaty of Berwick	《贝里克条约》
Newburn	纽伯恩
Tyne	泰恩河
Sir Henry Vane	小亨利·范恩爵士
Lucius Carey	卢修斯·凯里
Great Tew	格雷特伍
William Chillingworth	威廉·奇林沃斯
Sheldon	谢尔顿
Morley	莫利
Edward Hyde	爱德华·海德
Archibald Campbell	阿奇博尔德·坎贝尔
James Graham	詹姆斯·格拉汉姆
Grand Remonstrance	《大抗议书》
Edward Montagu	爱德华·蒙塔古
Arthur Haselrig	阿瑟·黑泽尔里格

Holies	霍利斯
Stroad	斯特劳德
Edmund Prideaux	埃德蒙·普里多
William Lenthall	威廉·伦索尔
Whitehall	白厅
Nottingham	诺丁汉
Robert Devereux	罗伯特·德弗罗
Prince Rupert	鲁珀特亲王
Brentford	布伦特福德
Philip Skippon	菲利普·斯基篷
Turnham Green	滕汉姆格林
Reading	雷丁
Roundway Down	朗德威德昂
Newbury	纽伯里
Solemn League and Covenant	《神圣盟约》
Sir Henry Vane	亨利·韦恩爵士
Charing	查令大街
Cheapside	齐普赛街
Francis Cheynell	弗朗西斯·切内尔
The Religion of Protestants	《新教徒的宗教信仰》
Sir Thomas More	托马斯·莫尔爵士
Battle of Marston Moor	马斯顿荒原战役
Battle of Naseby	纳斯比战役
Winceby	温斯比
William Cavendish	威廉·卡文迪什
Hull	赫尔城
Thomas Fairfax	托马斯·费尔法克斯
Alexander Leslie	亚历山大·莱斯利
Ironsides	铁骑军
The Second Battle of Newbury	第二次纽伯里战役
The Self-denying Ordinance	《自抑法》
Areopagitica	《论出版自由》

Highlander	高地人
Dundee	敦提
Raglan Castle	拉格兰堡
Newark	纽瓦克
Newcastle	纽卡斯尔
Richard Baxter	理查德·巴克斯特
Northamptonshire	北安普顿郡
Holmby House	霍尔姆比庄园
Cornet Joyce	科内特·乔伊斯
Newmarket	纽马克特
Isle of Wight	怀特岛
Carisbrooke Castle	卡里斯布鲁克城堡
Colchester	科尔切斯特
Preston	普雷斯顿
the Treaty of Newport	《纽波特条约》
Carisbrooke	卡里斯布鲁克
Hurst Castle	赫斯特城堡
Colonel Pride	普莱德上校
Anne de Vere	安妮·德·维尔
Drogheda	德罗赫达
The Massacre of Drogheda	德罗赫达大屠杀
Wexford	韦克斯福德
Connaught	康诺特
Orkneys	奥克尼群岛
Caithness	凯瑟尼斯
Dunbar	邓巴
Worcester	伍斯特
Charmouth	查茅斯
Brighton	布莱顿
the Navigation Act	《航海条例》
Barebone's Parliament	贝尔朋小议会
Court of Chancery	大法官法庭

Fifth Monarchy Men	第五王国派
Instrument of Government	《政府组织法》
Mazarin	马扎然
Penruddock	彭鲁多克
William Penn	威廉·佩恩
Robert Venables	罗伯特·维纳布尔斯
San Domingo	圣多明各
Robert Blake	罗伯特·布莱克
Charles Emmanuel II	查理·伊曼纽二世
Vaudois	沃杜瓦
Comus	《科摩斯》
James Nayler	詹姆斯·内勒
maypole dance	五月花柱舞
Battle of the Dunes	杜内斯战役
Elizabeth Cromwell	伊丽莎白·克伦威尔
Simon de Montfort	西蒙·德·蒙特福特
John Reynolds	约翰·雷诺兹
John Lambert	约翰·兰伯特
Winnington Bridge	温宁顿大桥
George Monk	乔治·蒙克
The Declaration of Breda	《布雷达宣言》
Blackheath	布莱克希思
The Cavalier Parliament	骑士议会
Conventicle Act	《集会法案》
Five Mile Act	《五英里法案》
Corporation Act	《市镇自治法案》
Odyssey	《奥德赛》
Paradise Regained	《复乐园》
Michael	米迦勒
Samson Agonistes	《力士参孙》
Sea-idol Dagon	海神达贡
Anglo-Dutch War	英荷战争